Wirtschafts- und sozialpolitisches Forschungs- und
Beratungszentrum der Friedrich-Ebert-Stiftung
Abt. Wirtschaftspolitik

Reihe „WIRTSCHAFTSPOLITISCHE DISKURSE“

Nr. 143

Finanzpolitik in EURO-Land

Sachstand und Steuerungsprobleme

Otto Singer

Das Gutachten wurde mit Mitteln der
Franziska- und Otto-Bennemann-Stiftung in der Friedrich-Ebert-Stiftung finanziert.

Herausgegeben vom
Wirtschafts- und sozialpolitischen Forschungs- und
Beratungszentrum der Friedrich-Ebert-Stiftung
Abt. Wirtschaftspolitik
Godesberger Allee 149, D-53170 Bonn
Umschlag: Pellens Kommunikationsdesign Bonn
Druck: Thenée Druck Bonn
Juni 2001
ISBN 3-89892-007-0

ABSTRACT

Das Papier gibt einen Überblick über die finanzpolitischen Probleme und Gestaltungsmöglichkeiten der Haushalts- und Finanzpolitik in der europäischen Währungsunion. Es erläutert die institutionellen Grundlagen und die Funktionsweise der haushaltspolitischen Überwachung. Dargestellt werden die bisherigen praktischen Erfahrungen und die damit verbundenen wirtschaftspolitischen Probleme mit besonderem Blick auf die Probleme der Stabilisierung und wirtschaftlichen Entwicklung. Gezeigt werden die in diesem Problemkreis existierenden unterschiedlichen Sichtweisen und die sich hieraus ergebenden Konfliktpotentiale für eine wirtschafts- und finanzpolitische Koordination in der Europäischen Währungsunion.

Dr. Otto Singer
Deutscher Bundestag
Enquete-Kommission „Globalisierung der Weltwirtschaft“
Stellvertretender Leiter des Sekretariats

Finanzpolitik in EURO-Land

Sachstand und Steuerungsprobleme

Inhalt

"Wenn die Regierungen nun von den Früchten des Wachstums profitieren, ohne ihre Haushalte anzupassen, laufen sie Gefahr, in Krisenzeiten nicht mehr reaktionsfähig zu sein." (Tommaso Padoa-Schioppa)

Executive Summary

- Die Konsolidierung der öffentlichen Haushalte und eine dauerhaft nachhaltige Finanzpolitik gilt heute als eine wesentliche Voraussetzung für die Funktionsfähigkeit der Europäischen Währungsunion. Ein wesentlicher Faktor für die Gesundung der öffentlichen Haushalte ist der Zwang zur Erfüllung der finanzpolitischen Konvergenzkriterien, des Vertrages von Maastricht, die eine strenge und koordinierte Begrenzung der staatlichen Verschuldung vorsehen. Die europäischen Vereinbarungen zur Finanzpolitik und die Vorkehrung zur haushaltspolitischen Überwachung im EG-Vertrag und im Stabilitäts- und Wachstumspakt sind zugleich Ausdruck einer Neubewertung des staatlichen Interventionsumfangs und der damit verbundenen Anforderungen an kollektive Vorsorge- und Garantieleistungen.
- Die Leitorientierung für die haushaltspolitische Begrenzungs-Strategie in der europäischen Währungsunion ist das Prinzip der Tragbarkeit bzw. Nachhaltigkeit, das in den Kontext der finanzpolitischen Flankierung einer autonomen zentralen Geldpolitik gestellt ist. Das Tragfähigkeitskriterium ist der prinzipielle Maßstab für die Bestimmung der quantitativen Grenzen der Staatsverschuldung und der Defizitpolitik in der Europäischen Union. Qualitative Anforderungen an die Konsolidierungspolitik werden dagegen in den *Grundzügen der Wirtschaftspolitik* formuliert, die den Rahmen für die wirtschaftspolitische Koordinierung in der Europäischen Union abstecken.
- Mit der haushaltspolitischen Überwachung soll gewährleistet werden, dass die Haushaltsdisziplin in der EWU gewahrt bleibt, um somit die Voraussetzungen für Preisstabilität und die wirtschaftliche Entwicklung zu verbes-

sern. Im Rahmen des Überwachungsverfahrens müssen alle EU–Länder dem Ecofin-Rat und der Europäischen Kommission seit 1998 Stabilitäts– bzw. Konvergenzprogramme vorlegen. Die Programme enthalten Wirtschafts– und Haushaltsprojektionen für die zukünftigen Haushaltsjahre. Sie sollen zeigen, wie die EU–Länder das im Stabilitäts– und Wachstumspakt vorgesehene mittelfristige Ziel eines nahezu ausgeglichenen Haushalts oder eines Haushaltsüberschusses erreichen wollen.

- Die Konsolidierungspolitik in der Europäischen Union hat die Bedingungen für Investitionen und Wachstum erheblich verbessert. Jedoch lässt sich nicht ohne weiteres ermitteln, wie die öffentlichen Haushalte Wachstum und Beschäftigung beeinflussen. Hinzu kommt, dass neben den öffentlichen Haushalten auch andere Faktoren die langfristigen Bedingungen für Wachstum und Beschäftigung beeinflussen. So spielen die Funktionsweise der Produkt-, Kapital- und Arbeitsmärkte sowie demographische Entwicklungen ebenfalls eine zentrale Rolle. Zu berücksichtigen sind auch die unterschiedlichen und konkurrierenden Bewertungen und Annahmen hinsichtlich der Wirkungen staatlicher Einflußnahme auf die makroökonomischen Aggregate.

- Mit der Vollendung der Wirtschafts- und Währungsunion haben die Interdependenzen der nationalen Volkswirtschaften zugenommen. Die Wirtschaftspolitik wird immer mehr auch zu einer Angelegenheit gemeinsamen europäischen Interesses. Dies erfordert eine engere Zusammenarbeit und Koordinierung der Wirtschafts- und Finanzpolitiken der Mitgliedstaaten. Dies zeigt sich nicht nur in der Schaffung neuer gemeinschaftlicher Institutionen wie der Europäischen Zentralbank, sondern auch in einer Transformation der Funktionsweise und des Zusammenspiels der bisherigen Institutionen. Mit der Einführung des Euro wurden zahlreiche neue Politik-Formen und Gremien geschaffen. Dennoch ist nicht zu übersehen, dass damit auch eine Asymmetrie entstanden ist, die der Europäischen Zentralbank eine institutionelle Dominanz im Kräftespiel der europäischen Wirtschaftspolitik zuweist. Dem Eurosystem wurden klare Aufgaben auf europäischer Ebene zugewiesen, während eine Harmonisierung der anderen Politikbereiche in der Wirtschafts- und Finanzpolitik noch nicht vorgesehen ist. Vor diesem Hintergrund gibt es eine Reihe von Initiativen und Versuchen, die wirtschaftspolitische Koordinierung stärker und umfassender zu institutionalisieren.

1. Einleitung und Überblick

Beim Europäischen Gipfel in Brüssel im Mai 1998 entschieden die Staats- und Regierungschefs, dass mit Belgien, Deutschland, Finnland, Frankreich, Irland, Italien, Luxemburg, den Niederlanden, Österreich, Portugal und Spanien elf Länder der Gemeinschaft die notwendigen Voraussetzungen für die Einführung der gemeinsamen Währung erfüllten und beschlossen den Eintritt in die dritte Stufe der Europäischen Währungsunion zum 1. Januar 1999.[1] An die gemeinsame Währung, den Euro, der die Grundmuster der europäischen Zusammenarbeit bereits jetzt nachhaltig verändert hat, werden ganz unterschiedliche Erwartungen geknüpft. Sie gilt für viele als Meilenstein für die Sicherung des Standortes Europa im Weltmarkt und auch als Voraussetzung für die weitere politische Integration, für andere – vielfach im Gegensatz zu den maßgeblichen politischen Akteuren – überwiegt aber immer noch Skepsis und Furcht.[2]

Als ein erster großer Erfolg dieses Projektes erwies sich die Konstruktion der finanzpolitischen Flankierung, soweit sie die Kontrolle der Defizite und Schulden betrifft. Der Maastricht-Vertrag und der Stabilitäts- und Wachstumspakt, die den haushaltspolitischen Kurs und seine Überwachung regeln, gehen davon aus, dass gesunde Finanzen eine der wesentlichen Voraussetzung für die Funktionsfähigkeit der Währungsunion darstellen. Die besondere Betonung der fiskalischen Solidität im Vertrag (und noch deutlicher im Stabilitäts- und Wachstumspakt) rührt von der Annahme, dass eine laxe Finanzpolitik mit den sich aufhäufenden Schulden eine der Hauptursachen für die schwache Wirtschaftsentwicklung in vielen EU-Ländern seit den frühen siebziger Jahren sei. Die mehrheitlich akzeptierte Lehre aus jener Zeit ist, dass wirtschaftliche Prosperität und hohes inflationsfreies Wachstum dauerhaft nur möglich ist, wenn die wirtschafts- und finanzpolitischen Eckwerte stimmen. Dies war mit der Schuldenentwicklung in Europa nicht mehr gegeben, die Arbeitsteilung

---

[1] Die endgültige Umstellung auf den Euro erfolgt erst zu Beginn des Jahres 2002. Mit dem Ende der Übergangszeit gehen vor allem zwei Veränderungen einher: Ab 1. Januar 2002 wird der Euro nicht mehr in nationale Währungseinheiten unterteilt sein, und in den anschließenden Wochen werden die nationalen Banknoten und Münzen durch Euro-Noten und -Münzen ersetzt. Das Referenz-Szenario für den Übergang zur einheitlichen Währung wurde nach entsprechenden Vorarbeiten der Kommission und des Europäischen Währungsinstituts im Dezember 1995 vom Europäischen Rat auf seiner Tagung in Madrid festgelegt.

[2] Während die Skeptiker (wie zunächst auch die Deutsche Bundesbank) vor allem auf die fehlende politische Fundierung der monetären Einheit verwiesen (Hankel 1998), wurde von den Befürwortern vielfach die mit der Währungsintegration erhoffte ökonomische Dynamik und zum Teil auch der politische Integrationsdruck hervorgehoben (Hanke und Walter 1998; Sarrazin 1997).

zwischen Geld- und Finanzpolitik war ernsthaft gestört, gerade die Geldpolitik war vielfach zu einer übermäßig rigiden Stabilisierungspolitik gezwungen, deren Ergebnis im Kontext hoher Zinsen und ungünstiger nomineller Einkommensentwicklungen die Wachstumsperspektiven in Europa deutlich eingrenzte.

Die finanzpolitischen Verwerfungen offenbarten - vor dem Hintergrund sinkender Wachstumsraten - ein langanhaltendes Ungleichgewicht der staatlichen Politik. Auf der einen Seite waren es die stark ansteigenden wohlfahrtsstaatlichen Ausgabenlasten, auf der anderen Seite erodierte die Steuerbasis, was die staatlichen Finanzsysteme überforderte und die Finanzpolitik in eine Schuldenfalle geraten ließ.[3] Hinzu kamen strukturelle Rigiditäten auf den Kapital-, Güter- und Arbeitsmärkten, die ebenfalls als Wachstumshemmnisse gesehen wurden. Die europäischen Vereinbarungen zur Finanzpolitik und die Vorkehrungen zur haushaltspolitischen Überwachung im EG-Vertrag und im Stabilitäts- und Wachstumspakt sind Ausdruck dieser gewandelten Interpretation staatlicher Interventionspolitik. Die Europäische Währungsunion ist nicht nur ein (vorläufiger) Endpunkt eines Prozesses der realwirtschaftlichen und finanzwirtschaftlichen Konvergenz, sondern auch ein Kulminationspunkt des gewandelten wirtschaftspolitischen Denkens in den europäischen (und westlichen) Industrieländern nach dem Zusammenbruch des osteuropäischen sozialistischen Staatensystems.

Die Konvergenz-Kriterien und die haushaltspolitische Überwachung haben die Aufgabe, die Mitgliedsländer der Währungsunion (und die restlichen Mitgliedsländer und gleichzeitig auch die neu hinzutretenden Mitgliedsländer) zu einer tragfähigen und nachhaltigen Haushalts- und Finanzpolitik zu verpflichten und den Erfolg dieser Politik dauerhaft sicherzustellen. Zwar ist immer noch nicht auszuschließen, dass die Orientierung an einer strikten Kontrolle der öffentlichen Haushalte in einigen Staaten nach Beginn der Währungsunion nachlassen könnte. Festzuhalten ist aber, dass die Europäische Union über die verschiedenen Etappen ihrer währungspolitischen Anstrengungen zu einer beachtlichen Stabilitätskultur gefunden hat.

Vorausgegangen waren mehrere Jahre erfolgreicher, wenn auch oftmals schwieriger Anpassungsbemühungen der Mitgliedstaaten während der zwei-

---

[3] In Deutschland kamen die Finanzierungslasten der deutschen Einheit hinzu, die zu einem erheblichen Teil über öffentliche Defizite finanziert worden sind.

ten Stufe der Währungsunion, um den für die Teilnahme sowie die Stabilität und den Erfolg der neuen Währung erforderlichen Grad an nachhaltiger Konvergenz zu erreichen. Die Entscheidung über die elf Mitgliedstaaten, die für die Teilnahme am Euro-Gebiet von Anfang an bereit und in der Lage waren, war gemäß dem EG-Vertrag (Artikel 121 Absatz 4, ex-Artikel 109 j) vom Ecofin-Rat[4] auf Empfehlung der Kommission vorbereitet worden und stützte sich auf die Konvergenzberichte von EU-Kommission (1998) und Europäischem Währungsinstitut (1998). In diesen Berichten wurde eingehend untersucht, ob die Mitgliedstaaten die Konvergenzkriterien und rechtlichen Anforderungen erfüllten. Durch eine Eignungsprüfung sollte gewährleistet werden, dass die teilnehmenden Länder einen gewissen Grad an wirtschaftlicher Homogenität aufweisen. Diese Homogenität wurde anhand der Stabilität des Preisniveaus, der Stabilität der Wechselkurse, der Entwicklung der langfristigen Nominalzinssätze und der Haushaltsdisziplin gemessen (ein weiteres Kriterium war die Unabhängigkeit der nationalen Notenbanken).

Die finanzpolitischen Stabilitätskriterien sind jedoch nicht nur Zugangsmaßstab für die Teilnahme an der Währungsunion, sondern sie dienen auch der dauerhaften Sicherstellung der finanzpolitischen Solidität in den Mitgliedsländern. Dahinter steht die Erwartung, dass solides Haushaltsgebaren zur makroökonomischen Stabilität beitragen und gleichzeitig die Geldpolitik in ihrer Aufgabe unterstützen kann, die Preise stabil und gleichzeitig die Zinsen niedrig zu halten.

Die jüngsten Haushaltsentwicklungen zeigen, dass die EU - gemessen an ihrem Zielvorgaben - auf dem richtigen Weg ist. Das Ziel des Stabilitäts- und Wachstumspakts, einen nahezu ausgeglichenen oder einen Überschuss aufweisenden Haushaltssaldo zu erreichen, ist in Reichweite, und die öffentliche Verschuldung nimmt stetig ab. Zur Erreichung dieses Zieles wurden in der EU Vorkehrungen zur finanzpolitischen Stabilisierung getroffen (Stabilitäts- und Wachstumspakt). Eine Reihe von weiteren Instrumenten der Gemeinschaft

---

[4] Der *Ecofin-Rat* (bestehend aus den Wirtschafts- und Finanzministern aller 15 EU-Länder) ist das zentrale Entscheidungsgremium für die Koordinierung der Wirtschaftspolitik. Damit werden auch die nicht am Euro beteiligten Staaten - die *Pre-Ins* (Großbritannien, Dänemark und Schweden) - indirekt an wichtigen Entscheidungen beteiligt. Auch sind die Pre-Ins nicht völlig von der Diskussion in der Euro-12-Gruppe abgeschnitten, da deren Treffen vom Wirtschafts- und Finanzausschuß vorbereitet wird, dem neben der EZB und der Europäischen Kommission alle 15 EU-Mitgliederstaaten angehören. Hier werden auch die jährlich aufgestellten *Grundzüge der Wirtschaftspolitik* als die für alle Mitgliedstaaten relevante inhaltliche Koordinierungsvorgabe erarbeitet.

enthalten zusätzliche Regelungen und Empfehlungen zu verschiedenen Aspekten der öffentlichen Finanzen.

Im nächsten Kapitel (**Kapitel 2**) wird die Funktionsweise der haushaltspolitischen Überwachung beschrieben und dargestellt, wie aus einer finanzpolitischen Leitorientierung ein technisch verläßliches Kontrollverfahren wurde. Mit dem Stabilitäts- und Wachstumspakt wurde ein wirksames Verfahren zur genauen Überwachung der Haushaltslage der Mitgliedstaaten der Europäischen Union (EU) eingerichtet. Das Ziel ist, eine auf Dauer tragbare Situation der öffentlichen Finanzen zu garantieren, um gleichzeitig die Unabhängigkeit der Europäischen Zentralbank sicherzustellen. Mit dieser Überwachung soll gewährleistet werden, dass die Haushaltsdisziplin in der Währungsunion gewahrt bleibt, um somit die Voraussetzungen für makroökonomische Stabilität und nachhaltiges Wirtschaftswachstum möglichst günstig zu halten. Gezeigt wird, wie im Rahmen des Überwachungsverfahrens die Länder der Union Stabilitäts- bzw. Konvergenzprogramme vorlegen und wie die in den Programmen enthaltenen Wirtschafts- und Haushaltsprojektionen als Grundlage für eine Beurteilung des finanzpolitischen Kurses durch die Kommission und den Europäischen Rat verwendet werden.

In **Kapitel 3** wird dargestellt und erläutert, welche praktischen Erfahrungen seit dem Eintritt in die dritte Stufe im Rahmen der haushaltspolitischen Überwachung (d. h. mit Beginn der ersten Überwachungsrunde) gewonnen wurden. Es geht dabei vor allem um die in den Programmen enthaltenen Defizit- und Schuldenprojektionen und auch um die jeweiligen Haushaltsstrategien. Die Programme lassen sich als eine Art mittelfristige Finanzplanung interpretieren, die es in dieser Differenziertheit und auch mit solcher Rechtsverbindlichkeit bisher nicht gab. Von besonderer Bedeutung sind in den Konvergenz- und Stabilitätsprogrammen die Darlegungen zu den makroökonomischen Annahmen, zum längerfristigen haushaltspolitischen Kurs und zu den Vorstellungen hinsichtlich Schuldenabbau und Defizitbegrenzung.

Festgestellt wird dabei, dass trotz der haushaltspolitischen Fortschritte die Anforderungen an eine langfristig tragfähige Finanzpolitik in den meisten Ländern nicht in ausreichendem Maß erfüllt werden. Insbesondere im Hinblick auf die Schaffung der langfristigen Voraussetzungen für eine generationengerechte und wachstumsfördernde Finanzpolitik werden noch beträchtliche Defizite festgestellt. Deshalb bleibt als Aufgabe eine Neuausrichtung der qualitativen

Seite der haushaltspolitischen Strategie und die damit verbundenen Strukturreformen (Qualität und Nachhaltigkeit der öffentlichen Finanzen).

Kapitel 4 stellt die finanzpolitische Konsolidierung in den Zusammenhang mit ihren wirtschaftspolitischen Implikationen. Dies betrifft vor allem die von der Finanzpolitik ausgehenden Wachstums- und Beschäftigungseffekte. Gezeigt werden die in diesem Problemkreis existierenden unterschiedlichen Sichtweisen und Konfliktpotentiale. Diese zeigen sich auch in der Beurteilung der staatlichen Investitionen im Hinblick auf ihre Wachstumsrelevanz. Ein weiterer Aspekt sind die versteckten Finanzlasten für die öffentlichen Haushalte: Besondere Gefahren für die nachhaltige Entwicklung der öffentlichen Finanzen in Europa (und in anderen Industrieländern) ergeben sich aus den Veränderungen der Altersstruktur. Angesichts des massiv wachsenden Finanzierungsbedarfs der Alterssicherungssysteme ist - solange keine markanten Korrekturen stattfinden - mit stark steigenden öffentlichen Defiziten und Schuldenständen zu rechnen.

Ein abschließendes Kapitel (**Kapitel 5**) behandelt die Fragen der wirtschafts- und finanzpolitischen Koordination in der Europäischen Währungsunion. Die Europäische Währungsunion hat hier unvermeidlich Neuland betreten: Anders als bei einer vollständigen Föderation verbleiben praktisch alle finanzpolitischen Zuständigkeiten bei den einzelnen Ländern, während die Europäische Zentralbank die geldpolitische Gewalt für den gesamten Euro-Raum bestimmt. Damit zeigen sich die bekannten Probleme der wirtschaftspolitischen Arbeitsteilung in einem neuen Kontext, vor allem aber stellt sich die Frage, wie die Glaubwürdigkeit der Geldpolitik gewahrt werden und die Finanzpolitik die wirtschaftspolitische Entwicklung für die gesamte Union fördern kann. Grundsätzlich geht es auch um die Frage der Notwendigkeit und auch der Machbarkeit einer stärkeren Politikkoordinierung. Geprüft wird, wie eine finanz- und wirtschaftspolitische Abstimmung auf europäischer Ebene stärker institutionalisiert werden kann.

2. Konsolidierung und nachhaltige Haushaltspolitik

Zur stabilitätspolitischen Voraussetzung gehört gemäß dem im Maastrichter Vertrag festgelegten Verfahren die Einhaltung der erforderlichen Konvergenz. Der Vertrag sieht vor, dass die Neuverschuldung der öffentlichen Hand drei Prozent des Bruttoinlandprodukts (BIP) nicht übersteigen darf. Der gesamte Schuldenstand der öffentlichen Hand soll nicht mehr als 60 Prozent des Bruttoinlandprodukts betragen. Für die bereits an der Währungsunion teilnehmenden Länder sind die monetären Kriterien nicht mehr von Interesse, da diese durch die einheitliche Geldpolitik der Europäischen Zentralbank (EZB) hinfällig geworden sind. Die fiskalischen Kriterien sind dagegen weiterhin wichtig. Sie werden zusätzlich durch die Vorgaben des Stabilitäts- und Wachstumspakts verstärkt. Der Stabilitätspakt wurde im Dezember 1996 auf dem Treffen des Europäischen Rats in Dublin unterschrieben. Er sieht Sanktionen für die Verfehlung der fiskalpolitischen Konvergenzkriterien nach dem Start des Euro vor, engt den Rahmen für die staatlichen Defizite weiter ein und formuliert die Grundlagen für die Überwachung der Haushaltspolitik der Mitgliedsstaaten (Konvergenz- und Stabilitätsprogramme).

Leitorientierung für die haushaltspolitische Strategie in der europäischen Währungsunion ist das Prinzip der Tragbarkeit bzw. der Nachhaltigkeit: Die nationalen öffentlichen Haushalte sollen sich solide entwickeln, so dass die Unabhängigkeit der Europäischen Zentralbank ebenso wie die Einhaltung der *no bail out-Klausel* - die Euro-Länder müssen nicht für die Schulden anderer EU-Partner haften - nicht in Frage gestellt wird. Mit dem Stabilitäts- und Wachstumspakt wurde ein Verfahren zur Überwachung der Haushaltslage der Mitgliedstaaten der Europäischen Union eingerichtet. Damit soll gewährleistet werden, dass die Haushaltsdisziplin in der Währungsunion gewahrt bleibt, um die Voraussetzungen für Preisstabilität und wirtschaftliche Entwicklung zu verbessern.

2.1 Die Ausgangsbedingungen: Der Weg aus der Schuldenfalle

Ein Kennzeichen der ökonomischen Entwicklung in Europa (und in allen westlichen Ländern) war ein sukzessiv ansteigender Interventionsumfang des Staates: Die Staatsquote in den Staaten der heutigen Währungsunion ist von

35 vH im Jahr 1970 auf über 52 vH im Jahr 1993 (dem Jahr des höchsten Standes) angestiegen und begann erst seit den späten neunziger Jahren wieder deutlich zu sinken (Abbildung 1). Der relative Anteil der Ausgaben ist in allen westlichen (und insbesondere in den europäischen) Ländern im Trend gestiegen, besonders stark wuchs er zwischen 1960 und etwa Mitte der 80er Jahre, etwas langsamer in der nachfolgenden Periode, um dann Anfang der neunziger Jahre wieder deutlich anzusteigen. Der Anstieg der Staatsquote hatte die Balance zwischen Staat und Privatwirtschaft nachhaltig zugunsten des öffentlichen Sektors verschoben.

Abbildung 1: Ausgaben und Einnahmen im Euro-Raum

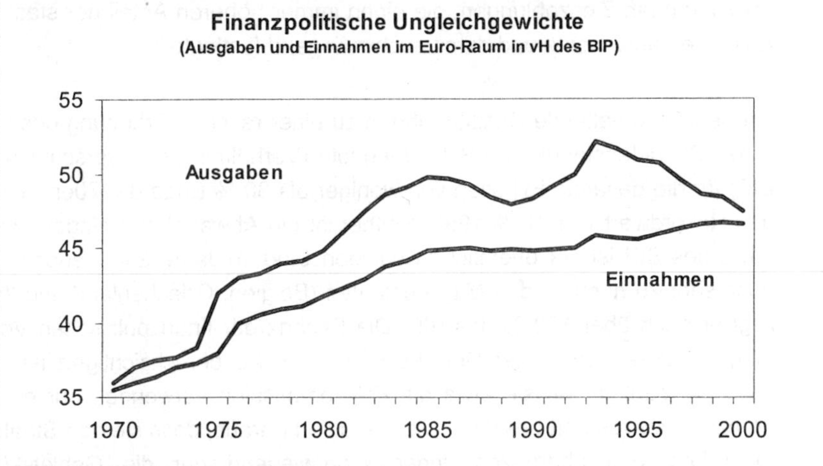

Quelle: OECD Economic Outlook (verschiedene Jahrgänge)

Im Jahr 1970 lag der Anteil der staatlichen Ausgaben der späteren Euro-Länder am Bruttoinlandsprodukt noch bei 35 vH. Diese Ausgaben stiegen in den Jahren bis 1993 auf über 52 vH, d. h. innerhalb von zwei Jahrzehnten erfolgte ein Anstieg von 17 Prozentpunkten. Der Zuwachs ist vor allem auf die Ausweitung der sozialen Sicherungssysteme und - mit Verzögerung - auf die stark anwachsenden Zinszahlungen zurückzuführen. Die Höhe der Staatsquote in der EU liegt heute immer noch um 13 bzw. 20 BIP-Prozentpunkte über den entsprechenden Werten für die USA und Japan, wo er im selben Zeitraum nur um 4 Prozentpunkte wuchs.[5] Das Schaubild (Abb. 1) illustriert auch das deutliche Ansteigen der staatlichen Einnahmen im gleichen Zeitraum. Anders als bei den Ausgaben ist der Höhepunkt des Einnahmenanteils am BIP erst Ende der neunziger Jahre erfolgt. Der Anteil stieg im Jahr 1999 auf über 46 vH und hat seither eine sinkende Tendenz.

Bei aller Unschärfe der empirischen Abgrenzung war der Trend der finanzpolitischen Eckwerte eindeutig: Ein stetiger Anstieg der Staats- und Abgabenquote, der begleitet war von einer sich ausweitenden Haushaltslücke. Der steigende Staatsanteil im Ausgabenbereich wurde nicht mehr durch Steuern und Sozialabgaben finanziert, ein zunehmender Teil der Finanzierungserfordernisse wurde mit Krediten bewältigt. Die hohen und anhaltenden Defizite waren die Ursache für eine rasch ansteigende öffentliche Verschuldung mit daraus resultierenden Zinszahlungen, die einen immer höheren Anteil der staatlichen Ausgaben ausmachte und damit auch zwingend festlegte.[6]

Große und anhaltende Defizite führten zu einer raschen Erhöhung des öffentlichen Schuldenstands. Die Schuldenquote (Verhältnis Staatsverschuldung zu BIP) für die gesamte EU stieg von weniger als 30 % Ende der 70er Jahre auf den Rekordwert von 72 % 1996. Seither ist ein Abwärtstrend eingetreten. Mit 64 % des BIP ist der öffentliche Schuldenstand im Jahre 2000 jedoch immer noch sehr zu hoch; in drei Mitgliedstaaten (Belgien, Griechenland und Italien) liegt er noch über 100 % des BIP. Die Brisanz der finanzpolitischen Verwerfungen zeigte sich in der Defizit-Entwicklung. Zu berücksichtigen ist dabei, dass die Zahlen, wie sie etwa die EU-Kommission verwendet, nur eine begrenzte Aussagekraft besitzen. Dies resultiert daraus, dass sie den Staatssektor relativ eng abgrenzen, indem überwiegend nur die Gebietskörper-

---

[5] Ein anderes Merkmal der öffentlichen Finanzpolitik in der EU der letzten dreißig Jahre ist eine Tendenz zu einer prozyklischen Haushaltspolitik. Anstatt in einer günstigen Konjunkturlage Defizit- und Schuldenquote zu verringern, nahmen die Staaten in der Regel eine Lockerung des haushaltspolitischen Kurses vor. Dadurch wurde es erforderlich, im Abschwung die haushaltspolitischen Bremsen anzuziehen, damit die Defizite und die Verschuldung nicht ganz außer Kontrolle gerieten. Die Haushaltspolitik verstärkte so auf prozyklische Weise die Auswirkungen der Konjunkturausschläge, anstatt stabilisierend zu wirken.

[6] Die frühen siebziger Jahre markieren einen Bruch im Fiskalverhalten der OECD-Länder, nachdem die meisten Länder die Finanzlast des Zweiten Weltkrieges in der Wachstumsphase der Nachkriegszeit abgetragen hatten. Zwei wesentliche Ursachen werden für diese Entwicklung verantwortlich gemacht: Eine davon ist der säkulare Wachstumsrückgang seit den späten sechziger Jahren (Roubini und Sachs 1989), die zweite Erklärung nennt den steigenden Einfluß des Keynesianischen Denkens in der Wirtschaftspolitik, das steigende Ausgabenquoten und Defizite politisch akzeptabel machte (Buchanan und Wagner 1978). Hinzu kommen politisch-institutionelle Erklärungen (Alesina und Perotti 1995).

Tabelle 1: Konvergenzdaten bei Beginn der Währungsunion im Jahr 1997 [1)]

	Grad an Preisstabilität [2)]	Langfristige Zinssätze [3)]	Finanzlage der öffentlichen Hand			
			Finanzierungs-Saldo [4)]	Schuldenstand [5)]		
			1997	1997	1996	1995
Referenzwert	**2,7**	**7,8**	**3,0**	**60 vH**		
Belgien	1,4	5,7	-2,1	122,2	126,9	131,3
Dänemark	1,9	5,2	0,7	65,1	70,6	73,3
Deutschland	1,4	5,6	-2,7	61,3	60,4	58,0
Finnland	1,3	5,9	-0,9	55,8	57,6	58,1
Frankreich	1,2	5.5	-3,0	58,0	55,7	52,7
Griechenland	5,2	9,8	-4,0	108,7	111,6	110,1
Irland	1,2	6,2	0,9	66,3	72,7	82,3
Italien	1,8	6,7	-2,7	121,6	124,0	142,2
Luxemburg	1,4	5,6	1,7	6,7	6,6	5,9
Niederlande	1,8	5,5	-1,4	72,1	77,2	79,1
Österreich	1,1	5,6	-2,5	66,1	69,5	69,2
Portugal	1,8	6,2	-2,5	62,0	65,0	65,9
Schweden	1,9	6,5	-0,8	76,6	76,7	77,6
Spanien	1,8	6,3	-2,6	68,8	70,1	65,5
V. Königreich	1,8	7,0	-1,9	53,4	54,7	53,9
EU	1,6	6,1	-2,4	72,1	70,5	68,9

1) Nach dem Bericht über den Konvergenzstand 1998 der Europäischen Kommission vom 25. 3. 1998 gemäß Art. 121 Absatz 1 EWG-Vertrag (Bundestagsdrucksache 13/10250: 16)
2) Harmonisierte Verbraucherpreisindizes
3) Renditen langfristige Staatsschuldverschreibungen
4) Finanzierungsdefizit in der Abgrenzung der ESVG in Relation zum nominalen Inlandsprodukt
5) Schuldenstand in Relation zum nominalen Inlandsprodukt

Quelle: Eurostat

schaften berücksichtigt werden. Hinzu kommt, dass auch engere Abgrenzungen nicht einheitlich gewählt sind, so dass der zwischenstaatliche Vergleich - jedenfalls was die frühere Entwicklung betrifft - nur der Tendenz nach möglich ist. Jede umfassendere Definition des öffentlichen Sektors würde höhere Defizitquoten bzw. Schuldenständen aufweisen (besonders, wenn die künftigen Lasten der Sozialversicherungssysteme berücksichtigt werden). Am grundsätzlichen Befund ändert dies jedoch nichts: Alle damaligen Länder der EU befanden sich (mit Ausnahme Luxemburgs) während der achtziger und am Anfang der neunziger Jahre in einem klaren fiskalischen Ungleichgewicht, das nur über eine längere Phase des finanzpolitischen Gegensteuern zu korrigieren war.

Der Einstieg in das Projekt der Europäischen Wirtschafts- und Währungsunion brachte - nachdem bereits in den siebziger Jahren in Wissenschaft und Publizistik ein neuer Kurs in der Wirtschaftspolitik eingeschlagen worden war[7] - die finanzpolitische Wende. Da sich die Haushalte deutlich in eine untragbare Richtung entwickelten, gleichzeitig aber die Befolgung der Maastrichter Konvergenzkriterien für die Vorbereitung der Währungsunion nahegelegt waren, nahm die Haushaltspolitik der meisten Länder ab 1992-93 eine einschneidende Haushaltsanpassung vor. Das gesamtstaatliche Defizit in der EU insgesamt ging von 1993 bis 1999 um 5 BIP-Prozentpunkte zurück. In einzelnen Mitgliedstaaten kam es bei der Haushaltsentwicklung zu einer spektakulären Wende, so dass schon Ende 1997 (mit der Ausnahme Griechenlands) kein Land in der EU mehr ein übermäßiges Defizit aufwies (Tabelle 1).

Der Schuldenstand, dessen Quote in den kommenden Jahren bei einer Fortsetzung der Konsolidierungspolitik langsam zurückgeht, wird noch für längere Zeit mit hohen Zinslasten verbunden sein. Der Primärsaldo - der Haushalt-Saldo ohne Zinszahlungen - ist dagegen schon seit Mitte der neunziger Jahre zunehmend positiv. Dies zeigt zum einen die Ernsthaftigkeit der Konsolidierungsbemühungen in den Mitgliedsländern, gleichzeitig kommt hier auch der Konjunkturaufschwung seit 1999 zum Tragen, der es einer Reihe von Ländern

[7] Die wissenschaftliche Wende - verbunden mit dem Abschied von Keynes - war nicht nur mit dem Ende der Globalsteuerung verbunden, sondern brachte auch eine grundsätzliche Neubewertung der Rolle des Staates in der Wirtschaftspolitik: Nicht mehr ein möglichst hoher Interventionsumfang war gefragt, sondern ein Rückzug des Staates aus möglichst vielen Bereichen der wirtschaftlichen Aktivität. Für die Finanzpolitik bedeutete dies: Reduzierung von Staats- und Abgabenquote, Verringerung der Defizite und Schuldenabbau. In Deutschland hatte diese neue Sicht vor allem der Sachverständigenrat (1976) formuliert.

Tabelle 2: Indikatoren zur Situation der öffentlichen Haushalte im Euroraum seit 1998

	Bruttoschulden[1] (Referenzwert: 60vH des BIP)				Finanzierungsdefizit[1) 2)] (Referenzwert: 3,0 vH des BIP)			
	1998	1999	2000	2001	1998	1999	2000	2001
Belgien	119,8	116,4	110,9	104,4	-0,9	-0,7	0,0	0,6
Deutschland	60,7	61,0	60,0	57,8	-2,1	-1,4	-1,4	-1,5
Finnland	48,7	46,6	42,5	39,3	1,3	1,8	6,7	5,3
Frankreich	59,7	58,7	58,3	58,0	-2,7	-1,6	-1,3	-0,6
Irland	55,0	50,1	39,1	33,3	2,1	2,1	4,5	3,9
Italien	116,2	114,5	110,2	105,7	-2,8	-1,8	-0,3	-1,3
Luxemburg	6,4	6,0	5,3	5,1	3,2	4,7	5,3	4,0
Niederlande	66,8	63,2	56,3	52,1	-0,7	1,0	2,0	0,8
Österreich	63,9	64,7	62,8	61,5	-2,3	-2,1	-1,1	-0,7
Portugal	55,3	55,0	53,8	52,8	-2,2	-2,0	-1,4	-1,5
Spanien	64,7	63,4	60,6	58,1	-2,6	-1,2	-0,3	-0,1
Euro-Raum [3]	**73,5**	**72,0**	**69,7**	**67,7**	**-2,1**	**-1,2**	**0,3**	**-0,7**
Nachr. Griechenl.	105,5	104,6	103,9	99,9	-3,2	-1,8	-0,9	0,0

1) In % des Bruttoinlandsprodukts; Abgrenzung gemäß Vertrag von Maastricht, Daten ESVG 1995
2) Einschließlich Einnahmen aus der Vergabe von Mobilfunknetzen
3) Summe der Länder, gewichtet mit dem Bruttoinlandsprodukt

Quellen: Eurostat (3/01), Vorausschätzung der EU-Kommission (3/01)

erlaubte (allen voran Irland), Budget-Überschüsse zu erzielen, so dass für das Jahr 2000 für den gesamten Euro-Bereich im Prinzip das Verschwinden des Finanzierungsdefizits festgestellt werden kann (Tabelle 2). Die Schuldenstandsquote wird allerdings noch längere Zeit über dem Stand der frühen siebziger Jahre sowie - für den Euro-Raum insgesamt - über dem für jedes Land geforderten Referenzwert von 60 vH liegen. Dies zeigt, dass für die Euro-Mitgliedsländer noch ein erheblicher Konsolidierungsbedarf existiert, der zwar in einer Phase der wirtschaftlichen Aufwärtsbewegungen keine übermäßigen Anstrengungen erfordert, jedoch in einem konjunkturellen Abschwung recht schnell wieder zu neuen Haushaltsungleichgewichten führen kann. Dies heißt: Konsolidierungsanstrengungen werden weiterhin erforderlich sein, allerdings ist offen und auch strittig, in welchem Tempo sich diese Konsolidierung vollziehen soll und ob die Anforderungen an alle Länder gleich sein sollen.

2.2 Das Ziel: Nachhaltige Haushaltspolitik in Europa

Bereits die Vorbereitungsphase hatte massiven Einfluß auf die makroökonomischen Rahmendaten der potentiellen Teilnehmerstaaten der Währungsunion. In allen Länder wurden erhebliche Anstrengungen unternommen, die Kriterien des Maastrichter Vertrages zu erfüllen.[8] Die Erfüllung der Bedingungen des Konvergenzprogrammes von Maastricht bedeutete - jeweils abhängig von der Ausgangslage - massive Veränderungen im Bereich der Fiskal-, Geld- und Einkommenspolitik, die schließlich die europäischen Institutionen zu einer positiven Beurteilung der Teilnahmefähigkeit veranlaßte. Auf dieser Entscheidungsgrundlage haben zum 1. Januar 1999 elf Mitgliedstaaten[9] der EU den Euro als einheitliche Europäische Währung eingeführt.

---

[8] Dazu trug auch eine aktive Politik der kreativen Buchführung bei, die im Vorfeld der Währungsunion eine nicht unerheblich Rolle spielte (Kitterer und Wiese 1998: 29ff.).

[9] Der Währungsunion beigetreten sind Belgien, Deutschland, Finnland, Frankreich, Italien, Irland, Luxemburg, die Niederlande, Österreich, Portugal und Spanien. Dänemark und Großbritannien hatten gemäß den vertraglichen Regelungen von ihrer Wahlmöglichkeit Gebrauch gemacht, der Währungsunion zunächst nicht beizutreten. Schweden hatte angekündigt, nicht sofort teilnehmen zu wollen, eine Option, die der Vertrag von Maastricht nicht vorsieht, die in formaler Hinsicht aber dadurch möglich wurde, dass dieses Land noch nicht dem Europäischen Währungssystem angehörte und damit das Wechselkurskriterium nicht erfüllte. Griechenland hat inzwischen die Konvergenzkriterien erfüllt und nimmt mit Beginn des Jahres 2001 ebenfalls an der Währungsunion teil. Für Mitgliedstaaten, die 1998 nicht die Voraussetzungen für die Einführung der Einheitswährung erfüllten, Schweden und zunächst Griechenland, müssen entsprechend der Konvergenzvorgaben von Artikel 122 Absatz 2 (ex-Artikel 109 k Absatz 2) EG-Vertrag die Voraussetzungen für die Teilnahmen erneut geprüft werden. Mindestens einmal alle zwei Jahre bzw. auf Antrag eines Mitgliedstaats, für den eine Ausnahmeregelung gilt, legen dazu die Kommission und die Europäische Zentralbank (vormals das EWI) neue Konvergenzberichte über diese Mitgliedstaaten vor.

Damit verbunden waren neue wirtschafts- und finanzpolitische Verpflichtungen der Mitgliedstaaten, die auf der von allen geteilten Annahme gründeten, dass in einer Währungsunion zwischen souveränen Staaten die Argumente für einen verantwortungsvollen Kurs in finanzpolitischen Fragen ein noch größeres Gewicht erhalten haben.[10] Es gab einen prinzipiellen Konsens über die Bedeutung einer soliden Finanzpolitik, wenn wirtschafts- und finanzpolitisch souveräne Staaten ihre getrennten Währungen und damit auch einen Ausgleichsmechanismus für unterschiedliche volkswirtschaftliche Entwicklungen aufgeben. Sie haben sich deshalb vertraglich verpflichtet, übermäßige Defizite im öffentlichen Sektor (Bund, Länder, Kommunen und Teile der Sozialversicherung) zu vermeiden und erhebliche finanzielle Sanktionen hinzunehmen, wenn sie den Anforderungen nicht gerecht werden.

Dies war jedoch nur möglich mit einer finanzpolitischen Begrenzungsstrategie, die sich - zunächst jedenfalls - aller unmittelbaren prozesspolitischen Zielsetzungen enthielt und nur die Tragfähigkeit der finanzpolitischen Entscheidungen als Prüfkriterium heranzog. Das Tragfähigkeitskriterium ist der prinzipielle Maßstab für die Bestimmung der Grenzen der Staatsverschuldung und der Defizitpolitik in der Europäischen Union. Die Haushaltsziele im Sinn dieser Tragfähigkeitsvorstellung können auf unterschiedliche Weise erreicht werden und auch die Vorgaben des europäischen Stabilitätspaktes, die eine noch engere Begrenzung vorsehen, sind dementsprechend nicht an ein bestimmtes Konsolidierungsverfahren gebunden. Für die Finanzpolitik in hochverschuldeten Staaten gibt es prinzipiell drei Ansatzpunkte, Haushaltsdisziplin zurückzugewinnen:

- **Rückführung der Defizitquote über Steuererhöhungen.** Die Haushaltslücken werden mit dieser Strategie über höhere Einnahmen geschlossen. Diese Strategie ist dann sinnvoll, wenn die Einnahmenentwicklung rückläufig ist und eine Erosion der Steuerbasis eine Ursache der Finanzkrise ist. Alle anderen Ursachen der finanziellen Ungleichgewichte - insbesondere jene, die von Ausgabensteigerungen rühren oder mit einer wirtschaftsstrukturellen Änderungen zusammenhängen - können über diesen Weg kaum angegangen werden.

---

[10] Auch der Deutsche Bundestag hat dies so gesehen: Er hat seine Zustimmung zur Teilnahme der Bundesrepublik Deutschland an der einheitlichen Europäischen Währung im April 1998 mit der Erwartung an die Bundesregierung verknüpft, dass diese darauf hinwirkt, dass eine tragbare Finanzlage der öffentlichen Haushalte nachhaltig und dauerhaft gewährleistet werde (Plenarprotokoll 13/230 i. V. m. Drucksache 13/10450: 4 f.).

- **Haushaltskonsolidierung über Wachstum.** Die kurzfristig orientierte Wachstumsstrategie setzt die Fähigkeit der politischen Steuerung der ökonomischen Wachstumsraten (insbesondere im Rahmen einer makroökonomischen Strategie) voraus. In mittlerer Sicht geht es hingegen um allokativ förderliche Maßnahmen, wobei die Konsolidierung vor allem als Folge (und weniger als Voraussetzung) des Wachstumsprozesses gesehen wird.
- **Haushaltskonsolidierung durch Ausgabenbegrenzung.** Die dritte Strategie setzt bei den staatlichen Ausgaben und einer damit zusammenhängenden Umstrukturierung der öffentlichen Haushalte an. Dies bedeutet bei hoher Verschuldung mit hohen Zinsausgaben, dass nur die flexiblen Teile der Ausgaben variiert werden können.

In der Europäischen Währungsunion ist die Tragbarkeit der öffentlichen Finanzen in den Kontext einer finanzpolitischen Flankierung der autonomen zentralen Geldpolitik gestellt: Die nationalen öffentlichen Haushalte sollen sich solide entwickeln, so dass die Unabhängigkeit der Europäischen Zentralbank ebenso wie die Einhaltung der *no bail out-Klausel* nicht in Frage gestellt wird. Eine auf Dauer tragbare Lage der öffentlichen Finanzen ist daher sowohl in Hinsicht auf die Funktionstüchtigkeit als auch für die Glaubwürdigkeit des neu zu schaffenden europäischen Geldwesens von zentraler Bedeutung. Finanzpolitische Nachhaltigkeit stellt damit auf die Fähigkeit der Regierung ab, ihren Haushaltsprozeß zu kontrollieren, wobei sich Kontrollierbarkeit auf das Risiko bezieht, dass die Finanzpolitik im Fall eines internen oder externen Schocks politisch oder ökonomisch nicht in der Lage sein könnte, eine dauerhafte Zunahme der Staatsausgaben oder der Defizite über das gewünschte oder ökonomisch vertretbare Maß hinaus zu verhindern. Perotti, Strauch und Hagen (1997) haben dazu ein Evaluierungsschema vorgeschlagen, bei dem sie sich auf den Prozeß der Wiedergewinnung einer auf Dauer tragbaren Finanzlage konzentrieren. Dies heißt vor allem: Damit eine Konsolidierung nachhaltigen Erfolg verspricht, muß sie an den Ursachen der fiskalpolitischen Fehlentwicklungen ansetzen. Die Verbesserung des Defizits schlechthin, etwa über steuerliche Korrekturen, reicht danach nicht aus, um die Wiedererlangung der Kontrolle über die öffentlichen Finanzen sicherzustellen. Vielmehr muß die Konsolidierung auf der Veränderung der Ursachen des vorherigen Defizitanstiegs beruhen: Ausgabenerhöhungen, die zum übermäßigen Defizit geführt haben, sollen dementsprechend durch Ausgabenreduzierungen korrigiert werden. In der Europäischen Union sind die Haushaltsprobleme im wesentlichen nicht durch zu geringe Steuereinnahmen entstanden, sondern vor allem durch Ausgabensteigerungen. Dies betrifft vor allem die Kostendynamik der Sozialsysteme, die nicht einfach durch Steuererhöhungen korrigiert werden kann.

Ein wichtiger Indikator für die Beurteilung der Nachhaltigkeit ist der strukturelle Haushaltssaldo. Er mißt das von konjunkturellen Einflüssen bereinigte Defizit im Verhältnis zum Produktionspotential. Eine nachhaltige Haushaltskonsolidierung muß sich dementsprechend in einer Abnahme des *strukturellen Defizits* niederschlagen. Die konjunkturelle Entwicklung beeinflußt die Ausgaben und Einnahmen des öffentlichen Sektors. Im Aufschwung vergrößert sich die Steuerbasis und die Ausgaben für Arbeitslosigkeit gehen zurück, umgekehrt ist es im Phasen des Abschwungs. Das Ergebnis: Steuereinnahmen und Sozialausgaben fluktuieren zyklisch, was sich entsprechend - je nach spezifischer Konjunktur-Reagibilität von Ausgaben und Einnahmen - in der Haushaltsentwicklung niederschlägt. Der konjunkturbereinigte Haushalt stellt fest, wie die Haushaltslage ohne zyklische Fluktuation der Wirtschaftstätigkeit aussähe, d. h. wenn das Wachstum dem Potential-Trend entspräche. Damit kann die Defizitquote von maximal 3 vH des BIP auch in Phasen konjunktureller Schwäche eingehalten werden. Dies ist der Grund, warum die Defizitgrenze im Stabilitäts- und Wachstumspakt auch deutlich enger als im Vertrag von Maastricht gezogen wurde.[11]

Ein anderer Indikator ist der *Primärsaldo* des öffentlichen Haushalts: Der Primärsaldo (*primary balance*) mißt die Höhe des Haushaltsdefizits bzw. -überschusses ohne die Zinsausgaben. Bei gegebenem Primärsaldo ist die Höhe des gesamten Haushaltssaldos abhängig von der Staatsschuld und ihrer Verzinsung. Umgekehrt heißt dies: Bei gegebener Staatsschuld und gegebener Zinsbelastung bestimmt die Höhe des angestrebten Defizits den Umfang des tolerierbaren Primärsaldos. Je höher die Gesamtverschuldung und die daraus erwachsende Zinsbelastung, um so höher muß (bei einem angestrebten strukturellen Defizit von nicht mehr als 1 vH des BIP) der strukturelle Primärüberschuß ausfallen (Perotti, Strauch, von Hagen 1997).

Die Konvergenzbedingungen der Europäischen Union enthalten in dieser Hinsicht keine verbindliche Festlegung, sie sind zunächst nur eine quantitative Begrenzung für Defizite und Schulden ohne anzugeben, auf welchem Weg sie zu erreichen sind und - was für die dauerhafte Existenz der Währungsuni-

[11] Die Europäische Kommission hat ein besonderes Verfahren zur Konjunkturbereinigung entwickelt (EU-Kommission 2000c).

on von besonderer Bedeutung ist - mit welcher wirtschafts- und finanzpolitischer Strategie sie verknüpft sein sollen. Diese Gesamtstrategie wird skizziert in den *Grundzügen der Wirtschaftspolitik* (Europäische Kommission 2000a; 2001c), die die Ziele der Gemeinschaft im Rahmen der wirtschaftspolitischen Koordinierung (vgl. Teil 5) beschreiben, ohne sie indessen als eine zwingende Bedingung der Teilnahme an der Währungsunion vorzugeben. Die Konsolidierungsstrategie im Rahmen der wirtschaftspolitischen Strategie zielt vor allem darauf ab, einen höheren Wachstumspfad in der europäischen Union zu schaffen. Eine der wesentlichen Hauptachsen dieser Strategie ist neben der im Stabilitäts- und Wachstumspakt vorgesehenen quantitativen Konsolidierung eine Verbesserung der Qualität und Struktur der öffentlichen Finanzen. Ersteres sieht vor, einen nahezu ausgeglichenen Haushalt oder einen Haushaltsüberschuß anzustreben, damit es künftig möglich ist, ausreichenden Spielraum für die makroökonomische Stabilisierung zu gewinnen (und damit die Funktionsfähigkeit von automatischen Stabilisatoren zu ermöglichen).

Bei der Verbesserung der Qualität der öffentlichen Finanzen geht es vor allem um folgende Punkte:[12]

- **Ausgabenkürzungen und Verbesserung der Finanzkontrolle.** Die Haushaltslage soll eher durch Ausgabenzurückhaltung als durch Abgabenerhöhungen verbessert werden. Dazu sollen gleichzeitig Regelungen und Institutionen eingeführt werden, die zur Ausgabenkontrolle beitragen, damit die Abgaben gesenkt werden können, ohne die Konsolidierungsstrategie zu gefährden. In diesem Zusammenhang sollen strikte und rigorose mittelfristige Normen für den jährlichen Anstieg der Primärausgaben (Ausgaben ohne Zinsausgaben) festgelegt werden, damit der reale Ausgabenanstieg deutlich hinter dem mittelfristigen gesamtwirtschaftlichen realen Wachstum zurückbleibt.
- **Strukturelle Umschichtung der Ausgaben.** Die öffentlichen Ausgaben sollen so umgeschichtet werden, dass Investitionen in Sach- und Humankapital möglich werden, um das Wirtschaftswachstum zu stärken (insbesondere Investitionen in FuE, Innovationen und Informationstechnologien).
- **Strukturelle Reformen bei den Sozialsystemen.** Die Sozialleistungssysteme sollen beschäftigungsfördernd und effizienter gestaltet werden (und

[12] In den Grundlinien entspricht diese haushaltspolitische Strategie der Europäischen Union prinzipiell den Finanzpolitischen Leitplanken der Bundesregierung (Bundesministerium der Finanzen 2000c).

damit auch den demografischen Trends Rechnung tragen). Gleichzeitig sollen die Sozialsysteme den wirtschaftlichen Wandel unterstützen und auch die Funktionsweise der Arbeitsmärkte verbessern. Die Modernisierung des Wohlfahrtsstaates soll gewährleisten, dass das Entstehen der *New Economy* nicht zu untragbaren sozialen Verwerfungen führt (insbesondere im Hinblick auf soziale Ausgrenzung und Armut).

- **Reduzierung der Abgabenlasten und Reform der Steuersysteme.** Im Rahmen der fortgesetzten Konsolidierung der öffentlichen Haushalte soll die gesamte Abgabenbelastung reduziert werden. Steuerreformen sollen der Senkung der Abgabenbelastung und der Beseitigung von steuerlichen Verzerrungen dienen, die Effizienz des Steuersystems soll vor allem durch Verbreiterung der Bemessungsgrundlage, Senkung der Steuersätze und Gewährleistung angemessener Steuererhebungsverfahren gesichert werden.

Die umfassende Beurteilung der nationalen Finanzpolitiken der Mitgliedsländer der Europäischen Währungsunion geht über die im Stabilitätspakt verwendeten Kriterien deutlich hinaus. Anstatt ausschließlich auf den Gesamthaushalt zu achten, schließt sie eine detaillierte Analyse der Ursachen überhöhter Defizite ein und zielt zugleich auch auf institutionelle Veränderungen in der Haushalts- und Finanzpolitik.

2.3 Die Vorgaben zur haushaltspolitischen Überwachung

Im Stabilitäts- und Wachstumspakt werden die haushaltspolitischen Vorgaben des EG-Vertrages ergänzt und konkretisiert und die Mechanismen zur Überwachung der Haushaltslage in den EU-Mitgliedsländern dargestellt. Eine Defizitquote von 3 vH darf nur überschritten werden, wenn ein außergewöhnliches Ereignis (zum Beispiel eine Naturkatastrophe) oder eine schwere Rezession (Sinken des realen Bruttoinlandsprodukts jahresdurchschnittlich um mehr als 2 vH) vorliegt. Bei einem Rückgang des Bruttoinlandsprodukts zwischen 0,75 vH und 2 vH entscheidet der Ministerrat, ob ein "übermäßiges" Defizit besteht. Für den Fall, dass das Bruttoinlandsprodukt um weniger als 0,75 vH sinkt, haben sich die Mitgliedsländer verpflichtet, "in der Regel" keine Ausnahmesituation für sich geltend zu machen. Wird vom Ministerrat ein übermäßiges Defizit festgestellt, setzt ein mehrstufiges Verfahren ein, in dessen Verlauf zunächst Maßnahmen zur Korrektur des Defizits ergriffen werden können. Gelingt das nicht, dann soll es zu Sanktionen kommen: Zunächst sind unverzinsliche Einlagen zu leisten, die - wenn das Defizit nicht abgebaut wird - nach zwei Jahren in Geldbußen umgewandelt werden. Allerdings enthält der Stabilitäts- und Wachstumspakt keinen Automatismus. Es muß politisch entschieden werden, ob im konkreten Fall ein übermäßiges Defizit vorliegt und ob Sanktionen ergriffen werden sollen. Deshalb bleibt vorerst abzuwarten, ob es gelingt, dauerhaft übermäßige Defizite zu vermeiden und damit auch effektive Schuldenbegrenzungen für die Mitgliedsländer der Währungsunion durchzusetzen. Fest steht aber schon heute, dass es mit dem Stabilitäts- und Wachstumspakt zum ersten Mal gelungen ist, dass sich Nationalstaaten in einem Vertragswerk freiwillig bereit erklärt haben, Einschränkungen ihrer Budgethoheit hinzunehmen, sich einer supranationalen Überwachung ihrer Haushalte zu unterwerfen und sogar Sanktionen zu akzeptieren.

Die verschiedenen Elemente des Stabilitäts– und Wachstumspakts sehen ein mehrstufiges Verfahren zur genauen Überwachung der Haushaltslage der Mitgliedstaaten der Europäischen Union (EU) vor. Zunächst hat jedes EU–Land dem Ecofin-Rat und der Kommission ein Programm vorzulegen, in dem es seine Haushaltspolitik für den Zeitraum der darauffolgenden Jahre darlegt. Die Euro-Länder legen *Stabilitätsprogramme* vor, jene, die die einheitliche Währung (noch) nicht eingeführt haben, *Konvergenzprogramme*. Jedes Programm wird sowohl von der Kommission als auch vom Wirtschafts– und Finanzausschuss bewertet. Die Kommission gibt zu jedem Programm eine Empfehlung ab, mit der sie ihre Einschätzung des Programms an den Rat weitergibt. Anschließend prüft der Rat jedes einzelne Programm. Auf der Grundlage der Empfehlung der Kommission und nach Anhörung des Wirtschafts- und Finanzausschusses gibt der Rat zu jedem Programm eine Stellungnahme ab. Der Rat kann einen Mitgliedstaat auffordern, sein Programm anzupassen, wenn Ziele und Inhalt des Programms nach seiner Auffassung verstärkt werden müssen. Das gesamte Verfahren muß innerhalb knapper Fristen abgeschlossen werden: Der Rat muß innerhalb von höchstens zwei Monaten nach Vorlage des Programms seine Prüfung durchgeführt und seine Stellungnahme abgegeben haben.

Die Mitgliedstaaten sollen ihre mittelfristigen Haushaltsziele so ansetzen, dass sie die Defizitkriterien unter "normalen" Konjunkturbedingungen erfüllen. Zur

Überprüfung der jeweiligen Daten muß der Einfluß von Konjunkturschwankungen auf die Haushaltsentwicklung festgestellt werden (Konjunkturbereinigung). Um den erforderlichen Handlungsspielraum festzustellen, muß eine angemessene konjunkturelle Haushaltskomponente für den Fall einen konjunkturellen Abschwungs festgelegt werden. Deshalb sollen die Haushaltsziele so formuliert werden, dass die Mitgliedsländern sie auch in den erwarteten Abschwungphasen bewältigen können. Auch hier bewegt sich die Überwachungspolitik noch im Ungewissen, denn es gibt noch keine verläßlichen Erfahrungswerte zum Konjunkturverhalten in der neuen Währungsunion. Da die einheitliche Geldpolitik sich auf die im gesamten Euro-Gebiet herrschende Konjunkturlage ausrichtet, ist noch nicht klar ersichtlich, ob Umfang und Volatilität der Konjunkturschwankungen in der Währungsunion sich signifikant verändern werden. Es ist auch noch nicht abzusehen, ob sich die Konjunkturempfindlichkeit der Haushalte erheblich ändern wird. Möglicherweise führen die verschiedenen Reformstränge in der EU (Steuerreformen, Reformen der Sozialversicherungssysteme) zu einer geringeren Konjunkturempfindlichkeit, allerdings wird sich dies erst längerfristig auf die Konjunkturempfindlichkeit der Haushalte auswirken. Dies spricht dafür, dass sich die Konjunkturempfindlichkeit der Haushalte in den kommenden Jahren (noch) nicht sehr verändern wird.

2.4 Nationale Verantwortlichkeiten noch nicht klar definiert

Auf nationaler Ebene ist jeweils der Gesamtstaat gegenüber der Europäischen Union zur Einhaltung der Vorgaben verpflichtet. Dies bedeutet für Länder mit einem mehrstufigen Staatsaufbau - wie etwa Deutschland und Österreich - mit jeweiliger Haushaltsautonomie eine Klärung der innerstaatlichen Abgrenzung der Verpflichtungen (insbesondere im Fall von Sanktionen). Anders als in der Wirtschafts- und Währungsunion besteht im nationalen föderalen System der Finanzbeziehungen kein Haftungsausschluss, vielmehr ein weitreichender vertikaler wie horizontaler Finanzausgleich, der die Finanzkraft stark nivelliert und zudem dafür sorgt, dass auch Sonderbelastungen von der Solidargemeinschaft mitgetragen werden. Zur praktischen Umsetzung der innerstaatlichen Verpflichtungen muss deshalb zwischen den staatlichen Ebenen geklärt werden, nach welchen Kriterien die für das jeweilige Land insgesamt zulässige öffentliche Verschuldung und eventuelle Sanktionen der Union auf Gebietskörperschaften und Sozialversicherungen aufzuteilen sind. Im Fall der Bundesrepublik Deutschland ist bisher keine eindeutige Regelung verabschiedet worden. Die Länder haben sich wegen unterschiedlicher Interessen bisher auf keine gemeinsame Position einigen könnten.[13] In Österreich hingegen ist eine solche Regelung bereits festgelegt worden: Der innerösterreichische Stabilitätspakt bildet eine wichtige Grundlage für die künftige Kooperation zwischen den Gebietskörperschaften in der Haushaltspolitik. Er soll sicherstellen, dass Österreich den im europäischen Stabilitäts- und Wachstumspakt festgelegten Referenzwert für die jährliche Neuverschuldung der öffentlichen Haushalte von 3% des BIP nicht überschreitet. Ein zusätzliches Problem ergibt sich aber hier (wie auch für Deutschland): Die Beziehungen zwischen den Gebietskörperschaften stehen zunehmend in einem Spannungsverhältnis zwischen der Kooperation im Stabilitätspakt und einem - gerade im Rahmen der Reform der innerstaatlichen Finanzbeziehungen kontrovers diskutierten - konkurrierenden Föderalismus, der sich nicht zuletzt im wachsenden Standortwettbewerb spiegelt. Dies spricht dafür, den finanziellen Gestaltungsspielraum der Länder und Gemeinden zu vergrößern und auch die Ausgaben- und Einnahmenverantwortung klar und transparent zuzuordnen (Thöni und Garbislander 1999).

[13] Insbesondere der Bundesrechnungshof (1999: 40ff.) hat auf die unbefriedigende Situation aufmerksam gemacht, insbesondere auf das Risiko, dass der Bund Sanktionen der Europäischen Union unter Umständen allein zu tragen hat. Er betont dabei (unterstützt vom Rechnungsprüfungsausschuß des Deutschen Bundestages), dass unbeachtet der derzeit nicht bestehenden Sanktionsgefahr rasch und möglichst zeitlich parallel zur Umsetzung der verfassungsgerichtlichen Vorgaben zum bundesstaatlichen Finanzausgleich eine abschließende Regelung erreicht wird.

3. Haushaltsüberwachung in Euroland: Überblick und erste Erfahrungen

Die multilaterale Überwachung der Haushaltspolitik in den Ländern der Europäischen Währungsunion wird durch den Stabilitäts- und Wachstumspakt deutlich verstärkt und stellt damit ein wirksames Verfahren zur Transparenz und Kontrolle der Haushaltslage der Mitgliedstaaten der Europäischen Union dar. Im Rahmen dieser Regelungen haben sich die Mitgliedsländer neben der Konkretisierung von Maßnahmen zur Haushaltsüberwachung auf die Vorlage von Stabilitäts- und Konvergenzprogrammen mit mittelfristigen Haushaltszielen verständigt. Diese Programme lassen sich als eine Art mittelfristige Finanzplanung interpretieren, die es mit solcher Rechtsverbindlichkeit bisher nicht gab. Von besonderer Bedeutung sind in den Programmen die Darlegungen zu den makroökonomischen Annahmen, zum längerfristigen haushaltspolitischen Kurs und zu den Vorstellungen hinsichtlich Schuldenabbau und Defizitbegrenzung. Im folgenden wird erläutert, welche praktischen Erfahrungen seit dem Eintritt in die dritte Stufe mit der haushaltspolitischen Überwachung gemacht worden sind.

3.1 Die haushaltspolitische Überwachung im Praxistest

Seit 1998 haben alle EU–Länder dem Rat und der Europäischen Kommission Stabilitäts- bzw. Konvergenzprogramme vorgelegt[14]. Die Programme geben Auskunft über die Wirtschafts- und Haushaltsprojektionen für die kommenden Jahre. Sie sollen zeigen, wie die Mitgliedsländer das im Stabilitäts- und Wachstumspakt vorgesehene mittelfristige Ziel eines nahezu ausgeglichenen Haushalts oder eines Haushaltsüberschusses erreichen wollen. Ziel ist ein öffentlicher Haushalt im jeweiligen Mitgliedsland, der es ermöglicht, die finanzpolitischen Folgen von *normalen* Konjunkturschwankungen zu bewältigen, ohne den Referenzwert von 3% des BIP zu verletzen. Inzwischen streben die meisten Länder einen ausgeglichenen Haushalt an, der in den kommenden

[14] Der Ecofin-Rat hatte die Prüfung der ersten Programme im Frühjahr 1999 abgeschlossen und war mit den dargelegten Haushaltsstrategien im Grundsatz einverstanden. Er forderte allerdings einige Länder auf, zusätzliche Anstrengungen zu unternehmen (Europäische Kommission 1999a). Davor haben die Mitgliedstaaten ausschließlich Konvergenzprogramme vorgelegt, in denen sie ihre Vorgehensweise zur Erfüllung der Konvergenzkriterien erläuterten.

Jahren erreicht werden soll. Hinzu kommt die *Qualität* der Haushaltsstruktur: Hier wird festgestellt, wie die Maßnahmen der Finanzpolitik sich in ihrer längerfristigen Gesamtwirkung darstellen.

Das Überwachungsverfahren wurde im Jahr 1998 entsprechend der Vorgaben des Stabilitätspaktes zum ersten Mal durchgeführt: Alle Länder haben dem Rat und der Europäischen Kommission Ende 1998 oder Anfang 1999 Stabilitäts- oder Konvergenzprogramme vorgelegt. Die Programme enthalten Wirtschafts- und Haushaltsprojektionen für den Finanzplanungszeitraum der darauffolgenden Jahre. Alle Länder streben in diesen Programmen das Ziel eines nahezu ausgeglichenen Haushaltes oder eines Haushaltsüberschusses, d. h. eine Haushaltslage, die es ihnen ermöglicht, die Haushaltsauswirkungen ´normaler´ Konjunkturschwankungen zu bewältigen, ohne den Referenzwert von 3vH des BIP zu überschreiten. Die meisten Programme enthielten Wirtschafts– und Haushaltsprojektionen bis zum Jahr 2002, manche Länder - etwa Griechenland, Irland, Italien und Schweden machten nur bis zum Jahr 2001 Angaben. Entsprechend Artikel 3 und 7 der Verordnung (EG) Nr. 1466/97 des Rates sollen die Konvergenzprogramme Wirtschafts- und Haushaltsprojektionen für das laufende und mindestens drei darauffolgende Jahre liefern. Die Programme entsprachen weitgehend dem Verhaltenskodex für Inhalt und Form der Stabilitäts- und Konvergenzprogramme, allerdings fehlen in einigen Programmen detaillierte jährliche Informationen über die makroökonomischen Annahmen und Haushaltsprojektionen, ein Teil der Programme enthielt Zahlen, die überholt waren oder auf der nationalen Volkswirtschaftlichen Gesamtrechnung anstatt dem ESVG basierten (Europäische Kommission 1999a).[15]

Seit 1999 sind die Konvergenz- und Stabilitätsprogramme aktualisiert worden, (vgl. Tabelle 3) die meisten Euro-Länder haben bis Ende 2000 eine aktualisierte Fassung ihrer Stabilitätsprogramme vorgelegt. Festzustellen ist, dass in vielen Programmen ausführliche Informationen über die Struktur der Haushaltseinnahmen und -ausgaben fehlen. So lieferte beispielsweise Deutschland nur Angaben über die Gesamteinnahmen und -ausgaben, nicht jedoch über einzelne Kategorien, wie Investitionsaufwendungen oder Zinszahlungen. Einige Mitgliedstaaten, wie Dänemark, Schweden oder Großbritannien, lieferten Informationen über die Haushaltskomponenten nach den nationalen, nicht jedoch nach den europäischen Buchungsregeln. Andere Länder, wie Frankreich

---

[15] Die Stellungnahmen des Rates werden im *Amtsblatt* der Europäischen Gemeinschaften veröffentlicht und sind auch im Internet abrufbar (http://ue.eu.int/emu/de/index.htm).

Tabelle 3: Die Wachstumsprojektionen in den Stabilitätsprogrammen

Stabilitätsprogramme der Euro-Länder 1998-2003/04: Wachstumsprojektionen								
		Reales Wachstum (BIP in vH)						
		1998	1999	2000	2001	2002	2003	2004
Belgien	1	2.9	2.4	2.3	2.3	2.3	-	-
	2	-	-	2.5	2.5	2.3	2.3	-
	3	-	-	2.5	2.5	2.5	2.5	2.5
Finnland	1	5.5	4.0	2.7	2.6	2.6	-	-
	2	-	-	3.9	3.0	2.6	2.6	-
	3	-	4.0	5.2	4.2	3.2	2.7	2.7
Frankreich	1	-	2.4	2.5	2.5	-	-	-
	2	-	-	3.9	3.0	3.0	3.0	-
	3	-	-	-	3.0	3.0	3.0	3.0
Deutsch-Land	1	3.0	2.0	2.5	2.5	2.5		
	2	-	-	2.5	2.0	2.0	2.0	
	3	-	-	2.75	2.75	2.5	2.5	2.5
Irland	1	9.5	6.7	6.4	5.8	-	-	-
	2	-	-	7.4	6.5	7.5	-	-
	3	-	-	10.7	8.8	6.3	5.7	-
Italien	1	1.8	2.5	2.8	2.9	-	-	-
	2	-	-	2.2	2.6	2.8	2.9	-
	3	-	-	2.8	2.9	3.1	3.1	3.1
Nieder-lande	1	4.0	2.3	2.3	2.3	2.3	-	-
	2	-	-	2.5	2.0	2.0	-	-
	3	-	-	4.5	4.0	3.25	3.25	3.25
Österreich	1	3.3	2.8	2.6	2.1	2.2	-	-
	2	-	2.1	2.8	2.8	2.5	1.9	-
	3	-	-	3.5	2.8	2.7	2.3	2.5
Portugal	1	4.2	3.5	3.2	3.2	3.3	-	-
	2	-	-	3.3	3.6	3.6	3.5	-
	3	-	-	3.3	3.3	3.2	3.2	3.2-
Spanien	1	3.8	3.8	3.3	3.3	3.3	-	-
	2	-	-	3.7	3.3	3.3	-	-
	3	-	-	4.0	3.6	3.2	3.2	3.2

(ohne Luxemburg)

Zeile 1: Stabilitätsprogramme 1998/99
Zeile 2: Fortgeschriebene Stabilitätsprogramme 1999/2000
Zeile 3: Fortgeschriebene Stabilitätsprogramme 2000/2001

und die Niederlande, übermittelten nur Gesamtwerte für mehrere Jahre. In den neuen Stabilitätsprogrammen wurden allerdings größere Anstrengungen unternommen, um Verfügbarkeit und Vergleichbarkeit der in den Programmen enthaltenen zentralen Haushaltsdaten zu verbessern. Zu Recht verweist der Ecofin-Rat (und auch die EU-Kommission) darauf, dass sich eine verbesserte Informationsgrundlage erreichen ließe, wenn die Länder ihre aktualisierten Programme bei bzw. kurz nach der Verabschiedung ihrer jährlichen Haushaltspläne bzw. der in vielen Ländern vorgesehenen mittelfristigen Haushaltsstrategie beschließen würden. Ein besonderes Augenmerk wurde auf die Struktur der öffentlichen Einnahmen und Ausgaben gerichtet, bemängelt wurde hier vor allem, dass die Programme zu wenig ausführliche und harmonisierte Informationen über die verschiedenen Haushaltskomponenten enthielten.

Die EU-Kommission und auch die Europäische Zentralbank wiesen überdies darauf hin, dass die Haushaltskonsolidierung auch nach dem Beginn der Währungsunion Anlaß zur Sorge gebe, da in den meisten Mitgliedsstaaten die Haushaltspositionen - besonders bei Berücksichtigung der Zukunftslasten - noch nicht in ausreichendem Maß den Anforderungen des Stabilitäts- und Wachstumspaktes genügen. Maßstab der Beurteilung waren nicht allein die Vorgaben des Wachstum- und Stabilitätspaktes, zunehmend wurde die Bewertung der Stabilitätsprogramme auch anhand der (jährlich aktualisierten) *Grundzüge der Wirtschaftspolitik* vorgenommen: Hier werden die Herausforderungen benannt, die sich der Finanzpolitik kurz- und mittelfristig stellen; insbesondere wird auf die Notwendigkeit hingewiesen, sowohl Ausgabenumschichtungen vorzunehmen und die Abgabenbelastung zu verringern als auch die Haushaltskonsolidierung zu verstärken. Der konjunkturelle Aufschwung in Europa und die daraufhin korrigierten Prognosen im Jahr 2000 - die EU-Wirtschaftsvorausschätzung vom Frühjahr 2001 hat dies jedoch wieder etwas relativiert - führte zu einer deutlichen Korrektur in den revidierten Programmen (vgl. Tabelle 3), die seit Anfang 2000 vorgelegt worden sind. Ein wesentlicher Grund dafür ist, dass sich die Wachstumsannahmen in den Projektionen der meisten Länder nach oben verändert haben. Für die Finanzpolitik ergeben sich - falls sich diese Prognosen als zutreffend erweisen - dadurch neue Spielräume. Allerdings hat der Europäische Rat nach der Vorlage der revidierten Stabilitäts- und Konvergenzprogramme - zuletzt Ende 2000/Anfang 2001 - jeweils Empfehlungen abgegeben, die (neben Veränderungen in der Ausgabenstruktur) vor allem für eine zusätzliche Konsolidierung bzw. für eine Überschußbildung in den nationalen Etats plädieren.[16]

3.2 Schulden und Defizite in den Stabilitäts- und Konvergenzprogrammen

Seit der Rezession am Anfang des letzten Jahrzehnts sind die Budgetdefizite in Europa beträchtlich gefallen, und ihr Anteil am Bruttoinlandsprodukt im Euroraum belief sich bereits 1998 mit knapp über 2% auf weniger als die Hälfte des Wertes im Jahr 1993. Allerdings wurden die bislang stärksten Konsolidierungsanstrengungen in den Jahren 1996 und 1997 unternommen, d. h. in den Jahren der Vorbereitung auf den Eintritt in die Endstufe der Europäischen Währungsunion (und noch vor dem Wirksamwerden des Europäischen Stabilitätspaktes). Offenbar war in vielen Ländern das Hauptmotiv hierbei, die Eintrittskriterien für die Währungsunion noch rechtzeitig zu erfüllen. Zum Teil wurde dabei auf nur kurzfristig wirksame Einmalmaßnahmen zurückgegriffen, die den strukturellen Kern budgetärer Ungleichgewichte unberührt ließen.

Die in den bisherigen Stabilitäts- und Konvergenzprogrammen dargelegte Haushaltspolitik zeigt, dass die EU-Mitgliedstaaten ihre öffentlichen Defizite in den kommenden Jahren entsprechend den Anforderungen des Stabilitäts- und Wachstumspakts gesenkt haben und weiter senken wollen. Zunächst sollte nach den ursprünglichen Programmen das durchschnittliche Defizit im Eurogebiet allmählich von 2,3 vH des BIP im Jahr 1998 auf 0,8 vH im Jahr 2002 gesenkt werden. Nach der Vorlage der Programme waren die Haushaltsergebnisse von 1998 in den meisten Fällen deutlich besser als in den Stabilitäts– und Konvergenzprogrammen erwartet, vor allem in Deutschland, den Niederlanden und Schweden, was vor allem auf die günstige Entwicklung der Haushaltssalden auf den unteren Regierungsebenen in Deutschland und hohe Steuereinnahmen in den Niederlanden und Schweden zurückzuführen war. Die aktualisierten Programme sind deshalb jeweils deutlich ehrgeiziger ausgefallen als die vorangegangenen (Tabellen 4 und 5).

[16] Diese Empfehlungen finden sich zusammengefaßt in den Grundzügen der Wirtschaftpolitik für das Jahr 2001 (EU-Kommission 2001c: 11f): Der Schwerpunkt der Empfehlungen wird dabei - neben dem Ziel eines ausgeglichenen Haushaltes - auf die strukturellen Verbesserungen der öffentlichen Finanzen gelegt (Umschichtung der Staatsausgaben zugunsten der Akkumulation von Sach- und Humankapital, Erhöhung der Effizienz der öffentlichen Ausgaben, Reform der Rentensysteme). Vgl. dazu auch die umfassende Übersicht in EU-Kommission (2001d).

Tabelle 4: Defizitprojektionen in Euroland

Stabilitätsprogramme der Euro-Länder: Entwicklung der Defizite								
		Öffentliche Defizite in vH des BIP						
		1998	1999	2000	2001	2002	2003	2004
Belgien	1	-1.6	-1.3	-1.0	-0.7	-0.3	-	-
	2	-	-0,9	-1,0	-0,5	0,0	0,2	-
	3	-	-	-	0,2	0,3	0,5	0,6
Finnland	1	1.1	2.4	2.2	2.1	2.3	-	-
	2	-	2,3	4,7	4,2	4,6	4,7	-
	3	-	-	4,5	4,7	4,4	4,5	4,9
Frank-	1	-2.9	-2.3	-2.0	-1.5	-1.2		-
reich	2	-	-1,8	-1,7	-1,2	-0,7	-0,3	-
	3	-	-	-1,4	-1,0	-0,6	-0,4	0,2
Deutsch-	1	-2,5	-2,0	-2,0	-1,5	-1,0		-
land	2	-	-1,1	-1,0	-1,5	-1,0	-0,5	-
	3	-	-	-1,0	-1,5	-1,0	-0,5	0
Irland	1	2.0	1.7	1.4	1.6	-	-	-
	2	-	2,0	1,2	2,5	2,6	-	-
		-	-	4,7	4,3	3,8	4,6	-
Italien	1	-2.6	-2.0	-1.5	-1.0	-	-	-
	2	-	-1,9	-1,5	-1,0	-0,6	-0,1	-
	3			1,3	0,8	0,5	0,0	0,3
Nieder-	1	-1.3	-1.3	-	-	-	-	-
lande	2	-	0,5	-0,5	-1,3	-1,1	-	-
	3	-	-	1,0	0,7	0,6	1,1	1,9
Öster-	1	-2.2	-2.0	-1.7	-1.5	-1.4	-	-
reich	2	-	-1,0	-1,7	-1,5	-1,4	-1,3	-
	3	-	-	1,4	0,75	0,0	0,0	0,0
Portugal	1	-	-2.0	-1.5	-1.2	-0.8	-	-
	2	-	-2,0	-1,5	-1,1	-0,7	-0,3	-
	3	-	-	-1,5	-1,1	0,7	-0,3	-0,0
Spanien	1	-1.9	-1.6	-1.0	-0.4	0.1	-	-
	2	-	-1,1	-0,8	-0,4	0,1	0,2	-
	3	-	-	-0,3	0,0	0,2	0,3	0,3
Quellen: Programme der Mitgliedsländer (98-01)		(ohne Luxemburg) Zeile 1: Stabilitätsprogramme 1998/1999 Zeile 2: Fortgeschriebene Stabilitätsprogramme 1999/2000 Zeile 3: Fortgeschriebene Stabilitätsprogramme 2000/2001						

Die meisten Mitgliedstaaten wollten zunächst bis zum Ende des Projektionszeitraums nur die Minimalposition erreichen, bei der sie die Auswirkungen von Konjunkturschwankungen auf ihren Haushalt bewältigen können, in den aktualisierten Programmen sind jedoch zumeist zusätzliche Konsolidierungsanstrengungen vorgesehen. Allerdings: Kein Programm - nicht einmal von jenen, die Haushaltsüberschüsse anstrebten - enthielt jedoch ausführliche Erläuterungen dazu, wie das mittelfristige Ziel berechnet wurde oder welche zusätzliche Sicherheitsmarge erforderlich ist, um etwaige nichtkonjunkturelle Haushaltsrisiken aufzufangen.

Den neuen Programmen der Euro-Länder zufolge soll die öffentliche Schuldenquote in allen Mitgliedstaaten weiter sinken (Tabelle 5). Nachdem in einer Reihe von Ländern inzwischen Überschüsse erzielt werden (dies sind Luxemburg, Irland, Finnland, Niederlande und Belgien, vgl. dazu Tabelle 2), ist es nun auch möglich, die Schuldenbelastung zu reduzieren. Die Schuldenstandsquote freilich wird noch längere Zeit über dem Stand der frühen siebziger Jahre sowie - für den EWU-Raum insgesamt - über dem für jedes Land geforderten Referenzwert von 60 % liegen. Hieraus ergibt sich zunächst die Forderung nach weiterer Konsolidierung, soll dieser Referenzwert nicht grundsätzlich infrage gestellt werden. Bleiben die Primärüberschüsse auf der in den Programmen angesetzten Höhe und das durchschnittliche Wachstum sowie die effektiven Zinssätze wie im letzten Programmjahr, so könnten selbst Belgien und Italien ihre Schuldenquote in einem überschaubaren Zeitrahmen unter die 60 vH-Schwelle senken. Für die Union insgesamt dürfte die Schuldenquote etwa im selben Maße fallen, allerdings von einem etwas niedrigeren Ausgangsniveau von rund 70% des BIP 1998. Allerdings lassen sich solche Maßnahmen nicht unbegrenzt durchführen: Viele Privatisierungsprogramme sind zu einem Großteil bereits abgeschlossen, und die Staatsfinanzen lassen sich nur einmal umstrukturieren. Folglich dürfte die Wirkung solcher Anpassungen in den nächsten Jahren zu vernachlässigen sein.

Die in den Stabilitätsprogrammen projizierte Verbesserung der öffentlichen Haushalte in Euroland geht vorwiegend auf das Zusammenwirken weiter rückläufiger Zinszahlungen und eines kräftigeren Wirtschaftswachstums seit 1999 zurück. Der in den Programmen vorgezeichnete weitere Rückgang der öffentlichen Defizite ist deshalb vor allem auf die kontinuierlich abnehmende Zinslast zurückzuführen, strukturelle Maßnahmen haben demgegenüber nur noch

Tabelle 5: Projektionen der Schuldenentwicklung in den Stabilitätsprogrammen

Stabilitätsprogramme der Euro-Länder 1998-2003: Schuldenquoten								
		Staatliche Bruttoschulden in vH des BIP						
		1998	1999	2000	2001	2002	2003	2004
Belgien	1	117,5	114,5	112,2	109,6	106,8	-	-
	2	-	-	112,4	108,8	105,0	101,3	-
	3	-	-	-	105,8	101,4	97,2	92,9
Finnland	1	51,9	48,5	46,4	44,8	43,2	-	-
	2	-	-	42,9	40,7	38,0	35,2	-
	3	-	-	42,4	39,2	37,1	43,9	32,2
Frank- reich	1	58,2	58,9	59,0	58,8	58,3	-	-
	2	-	-	59,4	59,0	58,1	57,2	-
	3	-	-	58.4	57,2	55,9	54,6	52,9
Deutsch- land	1	61,0	61,0	61,0	60,5	59,5	-	-
	2	-	-	61,0	60,5	59,5	58,5	-
	3	-	-	60,0	58,0	57,5	56,5	54,5
Irland	1	52,0	52,0	47,0	43,0	-	-	-
	2	-	-	46,0	40,0	36,0	-	-
	3	-	-	39,0	33,0	28,0	24,0	-
Italien	1	118,2	114,6	110,9	107,0	-	-	-
	2	-	-	111,7	108,5	104,3	-	-
	3	-	--	112,1	106,6	103,5	99,6	94,9
Nieder- lande	1	68,6	66,4	-	-	-	-	-
	2	-	-	62,3	61,8	61,0	-	-
	3	-	-	56,6	52,4	49,5	46,5	42,2
Öster- reich	1	64,4	64,5	63,5	62,2	61,1	60,0	-
	2	-	63,5	64,1	62,7	61,9	61,2	-
	3	-	-	63,1	61,4	59,1	57,2	55,3
Portugal	1	58,0	56,8	55,8	54,7	53,2	-	-
	2	-	-	57,1	55,2	53,2	51,0	-
	3	-	-	-	53,4	51,5	49,8	48,1
Spanien	1	67,4	66,4	64,3	61,9	59,3	-	-
	2	-	-	62,8	60,6	58,1	55,8	-
	3	-	-	61,1	58,9	56,6	52,8	49,6

(ohne Luxemburg)
Quellen: Zeile 1: Stabilitätsprogramme Ende 1998
Zeile 2: Fortgeschriebene Stabilitätsprogramme 1999/2000
Zeile 3: Fortgeschriebene Stabilitätsprogramme 2000/2001

wenig zu Buche geschlagen und haben dementsprechend nur einen relativ geringeren Beitrag zur Defizitbegrenzung geleistet. Die Programme rechnen weiterhin mit einem erheblichen Rückgang der Zinszahlungen aufgrund weiter sinkender effektiver Zinsen und allmählich rückläufiger Schuldenquoten. Dieser Rückgang der Zinszahlungen machte etwa die Hälfte der in den Programmen projizierten Defizitreduzierung für das Eurogebiet und die Union insgesamt aus. Da sich die Regierungen aufgrund der zur Zeit historisch niedrigen Zinsen immer weniger auf diesen Faktor werden verlassen können, müssen deshalb zunehmend andere Anpassungsmaßnahmen ergriffen werden, um das Defizit weiter zu senken. Hinzu kommt, dass der in den Programmen erwartete relative hohe Wachstumsanstieg in den neuen Programmen ziemlich optimistisch ausfällt (allerdings wird in manchen Programmen auch ein alternativer Anpassungspfad für den Fall vorgezeichnet, dass das Wirtschaftswachstum höher oder niedriger ausfällt als nach dem Basisszenario).[17]

Insgesamt ging die durchschnittliche staatliche Defizitquote im Jahr 2000 im Euro-Währungsgebiet (einschließlich Griechenlands), bereinigt um die Erlöse aus dem Verkauf der UMTS-Lizenzen, um etwa einen halben Prozentpunkt auf 0,8 % zurück. Die durchschnittliche Schuldenquote sank um zwei Prozentpunkte. Die Mehrheit der Staaten des Euroraums hat damit die in ihren gegen Ende des Jahres 1999/Anfang 2000 aktualisierten Stabilitäts- und Konvergenzprogrammen gesteckten Haushaltsziele mindestens erreicht. Die im Jahr 2000 erzielte Verbesserung der Finanzierungssalden ist jedoch überwiegend auf ein kräftiges Wirtschaftswachstum, rückläufige Zinsausgaben und (nicht dauerhaft zur Verfügung stehende) Mehreinnahmen zurückzuführen. Die günstige Entwicklung der Einnahmen hätte eine schnellere Verbesserung der Finanzierungssalden ermöglichen können, doch wurde sie überwiegend dazu genutzt, Steuersenkungen vorzuziehen und Mehrausgaben zu finanzieren. Die daraus resultierende leicht expansive Ausrichtung der Finanzpolitik war angesichts des vorherrschenden gesamtwirtschaftlichen Klimas und der in den *Grundzügen der Wirtschaftspolitik* für 2000 enthaltenen Empfehlungen – strikte Begrenzung der Staatsausgaben und Beschleunigung der Haushaltskonsolidierung – insofern nicht gerechtfertigt.

---

[17] Seit dem Herbst 2000 haben sich die Wachstumserwartungen in der EU eingetrübt: In der Wirtschaftsvorausschätzung der EU-Kommission vom Frühjahr 2001 werden für 2001 statt 3,2% nur noch 2,8% BIP-Wachstum erwartet.

Insgesamt kommt in der Beurteilung der neuen Stabilitätsprogramme die Besorgnis zum Ausdruck, dass die Haushaltspolitik in den meisten Mitgliedstaaten in einer Phase, in der es zu einer positiven Produktionslücke (mit einer starken Auslastung der Produktionskapazitäten) kommt, prozyklisch gelockert wird.[18] Die Europäische Kommission rechnet mit einer geringfügigen weiteren Verbesserung des durchschnittlichen um die UMTS-Erlöse bereinigten Finanzierungssaldos im Euroraum. Festgestellt wird insbesondere, dass die Bemühungen um Haushaltsanpassung nachgelassen haben, gleichzeitig wird darauf verwiesen, dass auch neue finanzpolitische Prioritäten stärker ins Blickfeld kommen müssen. Dies betrifft zum einen die nachhaltige Verringerung der Abgabenbelastung im Zusammenhang mit dem Ziel der Haushaltsdisziplin: Abgabensenkungen sind zwar in den meisten EU-Ländern angebracht, doch es erscheint auch notwendig, entsprechende Verringerungen bei den Staatsausgaben vorzunehmen, damit sich der strukturelle Haushaltssaldo nicht verschlechtert. Zusätzlich wird darauf verwiesen, dass sich die Beschäftigungs- und Wachstumseffekte von Abgabensenkungen dadurch noch verstärken ließen, wenn diese im Rahmen eines umfassenden Pakets gezielter Maßnahmen zum Abbau verzerrend wirkender Abgaben und wirksamer Reformen des Sozialleistungssystems erfolgten.

Die Kommission fordert dazu die Mitgliedstaaten auf, für die Bewertung von Abgabensenkungen sowie den Spielraum für deren Umsetzung im Zusammenhang mit dem Haushaltsüberwachungsprozess auf EU-Ebene die Tauglichkeit der Kriterien zu überprüfen. Festgestellt wird auch, dass viele Mitgliedstaaten die Steuern auf den Faktor Arbeit gesenkt haben und dass die Staatseinnahmen relativ zum BIP erstmals seit Jahren gesunken seien. Auf der Ausgabenseite aber seien weniger Fortschritte erzielt worden; es fehle in vielen Fällen an rigorosen mittelfristigen Ausgabenkontrollen, und es würde nicht genug zur Beseitigung von Problemen in den Sozialleistungssystemen unternommen. Da zudem das Schwergewicht derzeit auf Steuersenkungen liege und diesen im Allgemeinen keine weiteren Ausgabenkürzungen gegenü-

[18] Dieser Aspekt betrifft insbesondere Irland (aber in abgeschwächter Weise auch Portugal): Der Ecofin-Rat stellt in der Beurteilung des aktualisierten irischen Stabilitätsprogramms (12/2000) eine mangelnde Übereinstimmung - jedoch keinen Verstoß gegen die Vorgaben des Stabilitätspaktes - mit den *Grundzügen der Wirtschaftspolitik* (Art. 99, 4 EG-Vertrag) fest: "Der irische Haushaltsplan 2001 ist prozyklisch und daher nicht mit den Grundzügen der Wirtschaftspolitik 2000 des Rates vereinbar." (Stellungnahme des Ecofin-Rates vom 12. 2. 2001). Irland wird empfohlen, diese Abweichung zu beseitigen und entsprechende Gegenmaßnahmen in der Haushaltspolitik zu ergreifen. Gleichzeitig wird die EU-Kommission aufgefordert, einen Bericht über die Haushalts- und Wirtschaftsentwicklung in Irland zu erstellen (EU-Kommission 2001a).

berständen, würden die in den Stabilitäts- und Konvergenzprogrammen vorgesehenen Konsolidierungsziele in Zukunft wahrscheinlich nicht ganz erreicht (Europäische Kommission 2001b: 14ff).

Ein weiterer wesentlicher Punkt bezieht sich auf die sich aus dem Alterungsprozess der europäischen Gesellschaften ergebende Finanzproblematik. Die Kommission verweist darauf, dass in den Programmen bisher nur unzureichend auf diese langfristige Aufgabe eingegangen worden ist und dass in den meisten Ländern noch erhebliche Anstrengungen erforderlich seien, um zu einem umfassenden Handlungskonzept zu gelangen. Durch die alternde Bevölkerung werde es zu beträchtlichem Druck in Richtung auf höhere Ausgaben für die gesetzliche Altersversorgung kommen. Gleichzeitig geht es der Kommission darum, dass der Nachhaltigkeitsaspekt voll in den Stabilitäts- und Wachstumspakt aufgenommen wird; die Mitgliedstaaten sollten in ihren Stabilitäts- und Wachstumsprogrammen auf alle Aspekte der langfristigen Tragbarkeit der öffentlichen Finanzen eingehen. Dies müsse über ein solides Haushaltsgebaren geschehen, indem darauf geachtet wird, dass die Kapitalbildung über Umschichtung von Ausgaben und nicht über ein höheres Gesamtvolumen der öffentlichen Ausgaben verstärkt wird. Die Ausgabenumschichtung in den öffentlichen Haushalten sei außerdem zu ergänzen durch Institutionen- und Strukturreformen, die die Rolle der Marktmechanismen verstärken und adäquate Anreizsysteme zur Förderung der privaten Bildung von Sach- und Humankapital einführen (ebd.).

3.3 Die haushaltspolitischen Perspektiven in Euro-Land

Die finanzpolitischen Konvergenzkriterien des Maastricht-Vertrages und die Bestimmungen des Stabilitäts- und Wachstumspaktes haben in den vergangenen Jahren insgesamt einen deutlichen Schwenk der Finanzpolitik in Richtung Konsolidierung ermöglicht. Dies wird auch durch die jüngsten vorgelegten Stabilitäts- und Konvergenzprogramme bestätigt. Alle Mitgliedstaaten orientieren sich am Ziel eines nahezu ausgeglichenen Haushalts bzw. eines Haushaltsüberschusses. Auch die tatsächliche Haushaltslage der Mitgliedsländer hat sich gegenüber den Vorjahren deutlich verbessert, was entweder geringere Defizite oder höhere Überschüsse sowie eine Reduktion des Schuldenstandes bedeutet (vgl. Tabelle 2). Im Jahr 2000 bewegte sich die Haushaltslage in den EU-Ländern im großen und ganzen auf der in den Programmen vorgegebenen Linie. Manche EU-Mitgliedstaaten konnten sogar niedrigere Defizite bzw. höhere Überschüsse als ursprünglich angenommen erzielen. Tatsächlich war in praktisch allen Ländern das geschätzte Ergebnis besser oder gleich dem in den Fortschreibungen der Stabilitätsprogramme vorgesehenen Werte. Einige Länder übertrafen die Ziele ihres Programms sogar beträchtlich (Belgien, Luxemburg, Niederlande, Finnland). Andere (insbesondere Deutschland, Frankreich und Italien) habe die besser als erwarteten Wachstumsbedingungen nicht in vollem Maße dazu genutzt, die Haushaltskonsolidierung zu beschleunigen (EU-Kommission 2001b; 2001d; Volz 2000).).

Die aktualisierten Stabilitäts- bzw. Konvergenzprogramme zeigen allerdings, dass dies vor allem aufgrund der dynamischen Wirtschaftsentwicklung im Jahr 2000 erreicht worden ist. Zu berücksichtigen ist aber auch: Die Verbesserung der Haushaltslage ergibt sich vor allem aufgrund von Sondereinnahmen aus der Vergabe von Mobilfunklizenzen (UMTS) in Höhe von etwa 1 vH in Relation zum Bruttoinlandsprodukt.[19] Hinzu kommen dabei auch die konjunkturell bedingten Mehreinnahmen und Minderausgaben. Das – um die Sondereinnahmen bereinigte – strukturelle Defizit verändert sich jedoch kaum (in den Vorjahren wurde dies hingegen noch deutlich reduziert). Dies zeigt, dass die Konsolidierungsanstrengungen der Mitgliedstaaten nach der Phase der Euro-Austerität mit zum Teil überaus ehrgeizigen Konsolidierungsanstrengungen nunmehr deutlich nachgelassen hat. Auf der anderen Seite hat auch der Druck von der Ausgabenseite nachgelassen; hierzu trug nicht zuletzt bei, dass aufgrund der günstigen Arbeitsmarktentwicklung die Sozialausgaben hinter den Haushaltsansätzen zurückblieben.

Inwieweit der über die bisherige Projektionen hinausgehende Konsolidierungspfad einhaltbar ist, wird vor allem vom tatsächlich erreichbaren Wachstum der kommenden Jahre abhängen. Davon werden auch die Spielräume für steuerliche Entlastungen und die mögliche Vorsorgeleistung für die Herausforderungen der demographischen Entwicklung abhängen. Dreh- und Angelpunkt der Konsolidierung bleibt die Ausgabenbegrenzung. Mehrere Länder haben zur Ausgabenkontrolle eine Eindämmung des Ausgabenanstiegs im öffentlichen Sektor förmlich vorgeschrieben. In Deutschland beispielsweise soll der nominale Anstieg der öffentlichen Ausgaben auf jährlich 2 vH beschränkt werden und damit deutlich unter dem erwarteten nominalen BIP-Wachstum lie-

[19] Nach einer Entscheidung von Eurostat werden die Erlöse - unabhängig von den Modalitäten der Zahlungsabwicklung - im Jahr der Zuteilung in voller Höhe als negative Ausgaben gebucht.

gen, während er in Frankreich real auf 1 vH jährlich im Zeitraum 2000 - 2002 begrenzt werden soll. In anderen Programmen werden außerdem Maßnahmen zur Eindämmung des Staatsverbrauchs und der Übertragungen an den Unternehmenssektor angekündigt. Im Gegensatz zu den jüngsten Anstrengungen zur Haushaltsanpassung im Vorlauf zur Währungsunion, als ein unverhältnismäßig großer Teil der Ausgabenkürzungen auf die öffentlichen Investitionen entfiel, sehen die Programme keine weitere Senkungen der Investitionsausgaben vor. Erhebliche Erhöhungen der öffentlichen Investitionsausgaben sind in Griechenland, Spanien, Irland, Italien und dem Vereinigten Königreich geplant. Die anderen Länder wollen ihre Investitionsausgaben hingegen nicht erhöhen. Infolgedessen bleiben die öffentlichen Investitionen im Verhältnis zum BIP im Eurogebiet während des gesamten Projektionszeitraums weitgehend unverändert.

Mit der verbesserten Konjunkturentwicklung der vergangenen Jahre[20] und den sinkenden öffentlichen Defiziten oder gar steigenden Überschüssen sehen sich die Euro-Länder vor die Frage gestellt, welcher finanzpolitische Strategie - forciertem Schuldenabbau, Steuersenkungen und/oder Ausgabenerhöhungen - der Vorrang zu geben sei. Die meisten Länder haben sich vor allem für Steuersenkungen entschieden und den Schuldenabbau weniger deutlich in Angriff genommen. Insgesamt kommt es darauf an, das richtige Verhältnis zu finden zwischen Abgabensenkungen, Investitionen in Bereichen, in denen die öffentliche Hand Leistungen erbringt, und fortlaufender Haushaltskonsolidierung. Die Bevölkerungsalterung mit einem deutlichen Druck auf höhere Ausgaben für Altersversorgung und Gesundheit wird in vielen Mitgliedstaaten langfristig zu einer erheblichen Gefahr für die Nachhaltigkeit der Finanzpolitik. "Nachhaltigkeit" der öffentlichen Finanzen bedeutet aber nicht nur, dass zusätzliche alterungsbedingte Ausgaben ohne einen Anstieg der Defizite und der Verschuldung finanziert werden. Der Haushaltseffekt der Bevölkerungsalterung macht eine umfassende Reformstrategie erforderlich, die neben dem Abbau der Staatsverschuldung auch Arbeitsmarktreformen zur Erhöhung der Erwerbstätigkeit und Reformen der gesetzlichen Altersversorgung vorsieht.

---

[20] Bei geringeren Wachstumsraten - wie sich dies im Jahr 2001 abzeichnet - stellt sich das Konsolidierungsproblem in einer anderen Weise: In den Euro-Ländern wird zunehmend darüber diskutiert, die Finanzpolitik in die konjunkturpolitische Pflicht zu nehmen und die weiteren Konsolidierungsschritte zunächst auszusetzen oder kleiner ausfallen zu lassen. Solchermaßen erzeugte höhere Defizite würden allerdings das Ziel des ausgeglichenen Haushaltes wieder in weite Ferne rücken.

In diesem Zusammenhang wird die Bewertung der Stabilitätsprogramme der Mitgliedstaaten durch die Kommission nicht nur zu einem wichtigen Element des multilateralen Überwachungsprozesses, sondern auch zu einem europäischen Analyseinstrumentarium mit einer Konvergenztendenz bei den Beurteilungsmustern staatlicher Wirtschafts- und Finanzpolitik. Durch den mit dem Pakt geschaffenen Überwachungsmechanismus wird gewährleistet, dass die Länder der Haushaltsdisziplin verpflichtet bleiben. Beim ersten Anzeichen, dass die Haushaltslage erheblich von dem in dem betreffenden Programm angegebenen Anpassungspfad abweicht (oder von den Vorgaben der *Grundzügen der Wirtschaftspolitik)*, wird die entsprechende Regierung über die europäische Ebene (EU-Kommission und Ecofin-Rat) unter Druck gesetzt. Das Überwachungsverfahren ist aber nicht nur ein Kontrollverfahren, das abweichende Planungen sanktioniert, sondern auch ein Forum für Zusammenarbeit und Informationsaustausch. Es ist deshalb nicht unwahrscheinlich, dass sich dieses Forum in den kommenden Jahren von einer rein 'negativen' Koordinierung zur Verhinderung haushaltspolitischen Fehlverhaltens zu einer 'positiveren' Form der Koordinierung entwickeln wird, die das Erreichen einer optimalen Haushaltspolitik für die Währungsunion insgesamt ermöglicht und gleichzeitig eine gesamteuropäische Sicht der Wirtschaftspolitik gewährleistet.

4. Finanzpolitik und ökonomische Entwicklung

Eine nicht gänzlich geklärte Frage ist, wie die öffentlichen Finanzen die ökonomische Entwicklung beeinflussen. Es gibt viele Anhaltspunkte dafür, dass der in der Vergangenheit zunehmende Umfang des öffentlichen Sektors, die sich ändernde Zusammensetzung des Abgabenaufkommens und der öffentlichen Ausgaben sowie anhaltend große strukturelle Defizite, die zu einer hohen öffentlichen Verschuldung führen, für die relativ schlechten Wachstums- und Beschäftigungsergebnisse der EU in den letzten Jahrzehnten zumindest mitverantwortlich waren. Jedoch lässt sich nicht ohne weiteres ermitteln, auf welche Weise die öffentlichen Haushalte Wachstum und Beschäftigung beeinflussen. Dies liegt daran, dass die einzelnen Staaten viele verschiedene politische Ziele verfolgen und dazu ein breites Instrumentarium einsetzen, so dass sich die öffentlichen Haushalte zwangsläufig auf mannigfaltige und komplexe Weise auf die "reale" Ökonomie auswirken. So spielen die Funktionsweise der Produkt-, Kapital- und Arbeitsmärkte sowie demographische Entwicklungen ebenfalls eine zentrale Rolle. Der Wachstums- und Beschäftigungseffekt der öffentlichen Finanzen hängt aber auch vom Wechselspiel zwischen Finanzpolitik, dem gesamten Regelungsrahmen sowie den Reaktionen des Privatsektors auf öffentliche Ausgabenentscheidungen ab.

4.1 Wirtschaftliche Entwicklung und erfolgreiche Konsolidierungsstrategien

Die Erfahrungen der vergangenen Jahrzehnte haben zur überwiegenden Annahme geführt, dass erhöhte Schuldenquoten und die Überlastung der staatlichen Finanzierungssysteme die Wirtschaftsperspektiven dauerhaft beeinträchtigen und in der Folge (in Verbindung mit dauerhafte hohen Defiziten) den Handlungsspielraum der Politik insgesamt einschränken. Wachstumshemmnisse ergeben sich in dieser Perspektive insbesondere durch den Druck auf das langfristige Zinsniveau und die daraus erwachsenden Restriktionen für Investitionsneigung und Kapitalbildung. Die in dieser Zeit geringer werdende Produktionstätigkeit in Europa - in der Fachwelt war die Rede von *Eurosklerose* (Herbert Giersch) - wurde vielfach auf diese Sachverhalte zurückgeführt und es wurde angenommen, dass es einen empirisch signifikanten negativen Zusammenhang zwischen den Haushaltsungleichgewichten und den relativ geringen Zuwachsraten der Wirtschaftstätigkeit gibt (Ahn und Hemmings 2000; Europäische Kommission 2000g).

In den neunziger Jahren sind die Konsequenzen aus dieser Erfahrungen gezogen worden: Die Defizite gingen rasch zurück und bei den öffentlichen Schulden und bei der Staatsquote gelang eine Trendwende. Überwiegend wurde angenommen, dass mit dieser finanzpolitischen Justierung sich eine wachstumsfreundliche Ausrichtung der Konsolidierung ermöglichen lasse und dass die Konsolidierungsstrategien der neunziger Jahre deshalb auch in makroökonomischer Hinsicht vorteilhaft waren. Dies steht in gewissem Kontrast mit den kritischen Bewertungen des Stabilitätspaktes, die gerade auf der Annahme von makroökonomischen Defiziten gründen. Einer der wesentlichen Kritikpunkte am Stabilitäts- und Wachstumspakt war (und ist) die Aussage, dass mit dem mittelfristig ausgerichteten Konsolidierungskurs nicht nur die Möglichkeit zu finanzpolitisch getragenen konjunkturellen Steuerung verloren gehe, sondern dass gleichzeitig eine wachstumsdämpfende Wirkung von der Finanzpolitik drohe.

Die Konsolidierungsentwicklung in Europa während der neunziger Jahre gibt zumindest Anhaltspunkte für einen Anpassungspfad, der auch in makroökonomischer Hinsicht als erfolgreich bezeichnet werden kann. Obwohl das Timing und die strukturellen Komponenten der fiskalischen Anpassung zwischen den Mitgliedsländern differierte, lassen sich doch zwei grundsätzliche Phasen unterscheiden. Die erste Phase, sie setzte Anfang der neunziger Jahre ein, war im wesentlichen durch Einnahmenerhöhungen getragen. Der Anstieg der Defizite wurde gestoppt und damit war auch ein deutliches Signal in Richtung Konsolidierung und der Rückkehr zu einer tragfähigen Haushaltspolitik gegeben. In der zweiten Phase ab Mittel der neunziger Jahre, war die haushaltspolitische Anpassung stärker durch Ausgabeneinschränkungen geprägt. Das Resultat war ein deutlicher Anstieg der Primärsalden, was erstens signalisierte, dass nun ein deutlicher auf Dauer ausgerichteter Konsolidierungskurs eingeschlagen war und damit zweitens - und dies ist ein entscheidender Punkt für die makroökonomische Betrachtung - auch "nichtkeynesianische" Wirkungen ermöglichte.[21]

[21] Ochel (1997), der eine Reihe ökonometrischer Analysen überprüft, stellt fest, dass "keynesianische" Resultate bei einer Reduzierung der öffentlichen Defizite nur bei restriktiven Annahmen vorhanden seien: "Grundsätzlich hängen die Wirkungen der Haushaltskonsolidierungen davon ab, ob sich die Analyse auf die kurzfristigen kontraktiven Effekte beschränkt oder aber auch die längerfristigen Wachstumseffekte der Haushaltskonsolidierung einbezieht. Darüber hinaus ist von entscheidender

Eine nachhaltige Finanzpolitik muß nicht bedeuten, dass sie makroökonomische Probleme übersieht. Allerdings müssen dabei - neben dem Problem der prinzipiellen begrenzten Steuerungskapazität[22] - auch die empirischen Befunde über die Wirkungen von staatlicher Ausgabenpolitik auf das Wachstum berücksichtigt werden. Zunächst zeigt sich: Die mit der Ausgabenpolitik einhergehende steigende Last der Staatsverschuldung mit gleichzeitig steigender Abgabenbelastung konnte in allen bekannten Fällen nicht durch eine wachsende Ökonomie bewältigt werden. Fast immer waren Korrekturen am Ausgabenumfang des öffentlichen Sektors vonnöten, um die staatlichen Finanzierungssysteme wieder in ein Gleichgewicht zu bringen. Länderübergreifende Untersuchungen haben die These, dass Haushaltskonsolidierungen vor dem Hintergrund einer extremen Staatsverschuldung expansiv wirken können, auf eine breitere Basis gestellt (Giavazzi u. a. 1998). Umfang, die Nachdrücklichkeit und die Struktur der Konsolidierungsansätze waren dabei die wesentlichen Erfolgsfaktoren. Ausgabenkürzungen erwiesen sich in der Regel als geeigneteres Mittel zur Reduzierung der Defizite als Einnahmesteigerungen. Das einfache "keynesianische" Bild der finanzpolitischen Konsolidierung – Ausgabenreduktion vermindert effektive gesamtwirtschaftliche Nachfrage und reduziert dadurch das Wirtschaftswachstum – läßt sich deshalb nicht als allgemeine Regel aufrechterhalten. Die Analysen der Konsolidierungsprozesse zeigen vielmehr, dass die finanzpolitische Anpassung über Ausgabenreduktionen in mittlerer Sicht zu günstigeren Voraussetzungen für Wachstum und Beschäftigung beiträgt.[23]

Bedeutung, wie sich der langfristige Zinssatz als Folge der Haushaltskonsolidierung und der Ausgestaltung der Geldpolitik entwickelt." (Ochel 1997: 11)

[22] Wirtschaftspolitische Maßnahmen sind mit einer Reihe von prinzipiellen Steuerungsproblemen konfrontiert: Erstens das Problem von Wissen und Information, in dem etwa Konflikte über das richtige Modell der Ökonomie zum Tragen kommen, zweitens die politische Fragmentierung des Entscheidungsprozesses, die mit Inkonsistenzen und Koordinierungsproblemen verbunden ist, drittens die partikuläre Interessenverfolgung, die sich in diesen Entscheidungen niederschlägt (Cullis und Jones 1998). Die Gründe für die Obsoleszenz keynesianischer Makropolitik sind deshalb sowohl theoretischer als auch praktischer Natur: Theoretisch ist der Keynesianismus nicht gescheitert, sondern befindet sich heute in Konkurrenz mit anderen Entwürfen in der Makroökonomie (Richter 1998); die Durchsetzbarkeit keynesianischer Ansätze scheiterte jedoch in vielfacher Hinsicht an der Komplexität des politischen Prozesses (Weizsäcker 1992).

[23] Allerdings werden die makroökonomischen Wirkungszusammenhänge heute noch nicht als eindeutig geklärt angesehen. Dies zeigt auch ein vom BMF vergebenes Gutachten, das den Erklärungsbeitrag makroökonomischer Einflussfaktoren - dazu zählen auch die Finanzierungssalden und die Haushaltsstruktur der öffentlichen Haushalte, die Budgetqualität und Umfang und Struktur öffentlicher Investitionen - für die Beschäftigungsschwankungen in den Mitgliedstaaten der Europäischen Union und weiteren ausgewählten Industrieländern untersucht (Leibfritz u. a. 2001).

Die wesentlichen Faktoren, die eine Konsolidierungsstrategie erfolgreich machen, sind:

- **Umfang und Dauerhaftigkeit des Anpassungskurses.** Konsolidierungsstrategien sind dann erfolgreich, wenn sie auf der Ausgabenseite ansetzen und damit die staatliche Leistungskapazitäten wieder auf eine tragfähige Grundlage stellten. Eine solche Strategie hat auch positive Wirkungen auf die Nachfrage und kann dabei den unmittelbaren Primäreffekt der Ausgabenbegrenzung überlagern. Festgestellt wurde in diesem Zusammenhang eine nichtlineare Beziehung zwischen dem gesamtwirtschaftlichen Sparen und den fiskalischen Impulsen als die Haupterklärung für diese Wirkungen. Hinzu kommt, dass in einer Situation großer finanzpolitischer Ungleichgewichte (wie sie in den neunziger Jahren bestanden) die Perzeption nachhaltiger Ausgabenbegrenzung die Aussichten künftiger Steuersenkungen deutlich erhöht und damit die privaten Ausgabenpläne positiv beeinflußt und gleichzeitig zu einem günstigen Umfeld innerhalb der Finanzmärkte führt. Unabhängig von der theoretischen Komplexität der fiskalischen Anpassungsprozesse oder der uneinheitlichen Reaktionsmuster vor allem der Finanzmärkte und der nationalen Finanzsysteme (die die Transmissionswege und den Mechanismus des Konsolidierungsprozesses beeinflussen), kann auf der Grundlage der empirischen Befunde davon ausgegangen werden, dass eine konsequente Haushaltskonsolidierung die gesamtwirtschaftliche Sparquote steigert und damit einen positiven Beitrag zum makroökonomischen Umfeld leistet. Dies wird dadurch verstärkt, dass damit auch die Geldpolitik in der Lage ist, die makroökonomischen Perspektiven zu verbessern.

  Strukturelle Komponenten der Konsolidierung. Weniger klar in der Wirkung ist die Struktur dieser Anpassung sowohl im Hinblick auf die Dauerhaftigkeit der Konsolidierung als auch hinsichtlich der ökonomischen Wirkungen. Erfolgreiche und nachhaltige Konsolidierungen sind - nach der Feststellung einer Reihe von empirischen Untersuchungen - jedoch dann wahrscheinlich, wenn die Anpassungsleistung auf der Ausgabenseite stattfindet (Heitger 1998). Die Literatur betont in diesem Zusammenhang, dass dies zu einem verbesserten Investitionsverhalten der Unternehmen führe. Darüber hinaus ist der Blick auf die Zusammensetzung der Ausgabenseite auch deshalb von Bedeutung, weil es dabei Bereiche mit einer spezifischen Ausgabendynamik gibt, die für spätere Haushaltsverwerfungen besonders anfällig sind. Unabhängig von der makroökonomischen Wirkung von finanzpolitischen Maßnahmen ergeben sich aus den finanzpolitischen Aktivitäten des Staates Folgewirkungen, die zu neuen Belastungen führen.[24]

Die Nachhaltigkeit der öffentlichen Finanzen ist deshalb zu Recht ein wichtiges Prüfkriterium im Europäischen Stabilitäts- und Wachstumspakt. Allerdings ergeben sich hieraus deutliche Restriktionen für den politischen Entscheidungsprozeß auf nationaler Ebene. Mit der grundsätzlichen Anforderung an eine nachhaltige Finanzpolitik ist die Möglichkeit zu einer makroökonomisch legitimierten Verschuldung deutlich erschwert. Dies bedeutet aber auch, dass die nationalen Handlungsmaximen und die institutionellen Strukturen dieser - von allen Ländern getragenen - Vorgabe entsprechen müssen. Die dafür erforderlichen Regelungen sind bisher kaum vorhanden. Erforderlich ist deshalb auch in den Mitgliedsländern ein Instrumentarium, das in den europäischen Handlungsrahmen der haushaltspolitischen Nachhaltigkeit paßt. Der deutsche Finanzminister Eichel (2000) verweist zu Recht auf die damit verbundenen Konsequenzen: *"Klar ist deshalb, dass der Staat auch in Zukunft auf eine Feinsteuerung der Konjunktur durch die Haushaltspolitik verzichten wird. In einer international verflochtenen Wirtschaft funktioniert dies nicht. (...) Es macht auch keinen Sinn, Investitionsprogramme von konjunkturellen Lagen abhängig zu machen. Investitionen müssen sich vor allem am Bedarf orientieren. Auch bei Investitionen des Staates bringt eine Verstetigung die besten Effekte."*

Der Staat kann auch deshalb die Finanzströme nicht aus konjunkturellen Erwägungen beliebig variieren, da die Ausgaben zum größten Teil auf gesetzlich geregelten Anspruchsvoraussetzungen beruhen und langwierige Gesetzgebungsverfahren in Gang gesetzt werden müssen. Der Staat greift aus verschiedensten Gründen in die Wirtschaft ein - zur Versorgung mit öffentlichen Gütern und zur Korrektur von Marktversagen, zur Umverteilung von Einkommen zwischen Regionen und Privatpersonen sowie zur Stabilisierung der Produktion im Laufe des Konjunkturzyklus. Hierzu setzt der Staat ein breites Instrumentarium ein, indem er Normen setzt, Abgaben erhebt und Ausgaben tätigt. Dadurch ist ein gewichtiger Teil des öffentlichen Finanzströme einer makroökonomischen Instrumentalisierung entzogen.[25] Allerdings kann ein ste-

---

[24] Gerade in föderalen Systemen mit staatlichen Mischfinanzierung wird die Zuordnung von Finanzierung und Nutzen leicht verwischt. Gemeinschaftliche Finanzierungen bergen grundsätzlich das Problem, dass nicht alle Kosten von den Entscheidungsträgern ins Kalkül gezogen werden, weil die Verantwortlichkeiten verwischt und Folgekosten von Investitionen vernachlässigt werden.

[25] Dies wird von Vesper (2000) verdeutlicht: "Ein Plädoyer für eine Finanzpolitik, die stärker gesamtwirtschaftliche Belange berücksichtigt, heißt nicht einer Politik das Wort reden, die zyklische

tiges öffentliches Güterangebot stabilisierend auf die gesamtwirtschaftliche Entwicklung einwirken. Eine solche stabilisierende Wirkung haben auch die *automatischen Stabilisatoren*.[26]

Der Europäische Stabilitätspakt läßt dazu zwei Möglichkeiten offen: Erstens eine Kompensation durch hohen Überschuß in der konjunkturellen Aufschwungphase, zweitens die Ausnahmekriterien, die jedoch nur bei einer ernsthaften Rezession greifen. Nur wenn es den Mitgliedsländern der Währungsunion gelingt, in der konjunkturellen Normalsituation ausgeglichene Haushalte vorzulegen, wie es im Stabilitäts- und Wachstumspakt vorgesehen ist, eröffnen sich für den Fall einer Rezession Spielräume für die Finanzpolitik. Dann können die "automatischen" Steuermindereinnahmen und Ausgabenerhöhungen, die bei rezessiver Entwicklung zu erwarten sind, wirksam werden. Im Falle eines drastischen Nachfragerückgangs wäre dann auch eine antizyklische Finanzpolitik über diskretionäre Ausgabenerhöhungen und Steuersenkungen finanzierbar. Allerdings müssen bei einer antizyklischen Finanzpolitik die Spielregeln in dem Sinne eingehalten werden, dass nicht nur bei Nachfrageschwäche positive Nachfrageimpulse geschaffen werden, sondern dass bei verbesserter Konjunkturlage auch dämpfend auf die Nachfrage eingewirkt wird. Es müssen Überschüsse im Haushalt gebildet werden, die zur Rückzahlung von Schulden zu nutzen sind. Dies fällt im politischen Prozeß schwer, so dass (ohne entsprechend wirksame institutionelle Vorgaben) eine antizyklische Finanzpolitik oft asymmetrisch eingesetzt wird.[27]

Die Sicherung eines wachstums- und beschäftigungsfreundlichen makroökonomischen Gesamtrahmens setzt strikte Haushaltsdisziplin voraus. Dies bedeutet, dass die öffentlichen Haushalte den gesamten Konjunkturzyklus über

---

Schwankungen und hohe Arbeitslosigkeit mit finanzpolitischen Mitteln ausschalten zu können glaubt. Dies ist schon deshalb eine Illusion, weil nicht nur die Bereitstellung von öffentlichen Gütern und Umverteilungsvorgänge stetiges staatliches Handeln voraussetzen, sondern auch weil diskretionäre Maßnahmen zahlreiche Steuerungsprobleme aufwerfen. Deshalb sollten sich die finanzpolitischen Entscheidungen - ähnlich wie die Entscheidungen in der Geld- und Lohnpolitik - mehr als bisher an der mittelfristigen (trendmäßigen) Entwicklung des nominalen Produktionspotentials orientieren."

[26] Zur Funktionsfähigkeit und Wirkungsweise von automatischen fiskalischen Stabilisatoren vgl. ausführlich OECD (1999: 161ff.).

[27] Dies erklärt auch, warum seit den achtziger Jahren eine Ernüchterung im Hinblick auf die Fähigkeit des Staates zur Stabilisierung der Wirtschaftsaktivität eingetreten ist. Heute herrscht eine eher mittelfristige Orientierung in der Finanzpolitik vor, die keinen Raum für kurzfristige Stabilisierungspolitik sieht. Allerdings existieren weiterhin konkurrierende Auffassungen zur Leistungs- und Funktionsfähigkeit der Wirtschaftspolitik (Tanzi 1997; Guitian 1997).

mehr oder weniger ausgeglichen sind und die Staatsverschuldung niedrig ist oder beständig abnimmt. Haushaltsdisziplin wirkt sich auf verschiedene Weise direkt und indirekt auf Wachstum und Beschäftigung aus. Ein *direkter* Effekt solider öffentlicher Haushalte kann darin bestehen, dass die Geldpolitik in ihrem Ziel der Wahrung von Preisstabilität gestützt und so ein niedrigeres Zinsniveau erreicht wird. Dieses wiederum kann die private Investitionstätigkeit fördern und mittel- und langfristig zu einem stärkeren Kapitalstockwachstum führen. Durch die Abnahme der Staatsverschuldung verringert sich die Zinsbelastung, so dass Spielraum zur Senkung verzerrend wirkender Abgaben oder zur Erhöhung produktiver öffentlicher Ausgaben entsteht: Beides kann die Faktorakkumulation erleichtern. Ein weiterer möglicher direkter Effekt besteht darin, dass die gesamtwirtschaftliche Ersparnis - also die Summe aus privater und öffentlicher Ersparnis - durch eine höhere öffentliche Ersparnis steigt und damit mehr Ressourcen für produktive Investitionen zur Verfügung stehen.

Haushaltsdisziplin beeinflusst Wachstum und Beschäftigung auch *indirek*t, indem sie die makroökonomische Stabilität fördert. Erstens kann sie zu stabilen Inflationserwartungen führen, was Unsicherheiten verringert und Sparern und Anlegern für ihre langfristige Planung mehr Vorhersehbarkeit bietet. Zweitens gewährleistet Haushaltsdisziplin, dass der Staat bei einem Konjunkturabschwung den automatischen Stabilisatoren freien Lauf lassen kann, was sich glättend auf den Konjunkturverlauf auswirkt. Diese Fähigkeit zur Bewältigung von Konjunkturabschwüngen ist in der WWU besonders wichtig, da die Haushaltspolitik für die einzelnen Länder, nachdem sie keine eigene geldpolitische Autonomie mehr besitzen, eine größere Rolle bei der Konjunkturglättung spielen dürfte. Schließlich hilft das heutige Erreichen ausgeglichener öffentlicher Haushaltes den Staaten, den langfristigern, durch die alternde Bevölkerung verursachten Herausforderungen zu begegnen. Niedrigere Staatsverschuldung bedeutet niedrigere Zinsbelastung, was höhere öffentliche Ausgaben für Altersversorgung und Gesundheit teilweise ausgleichen kann. Erhalten die öffentlichen Haushalte keine solide finanzielle Grundlage zur Bewältigung des Alterungsproblems, so kann dies in Zukunft zu untragbar hohen Abgabensätzen führen, die das Wirtschaftswachstum und die Entstehung von Arbeitsplätzen hemmen. Die Konsolidierung der öffentlichen Haushalte ist deshalb kein Selbstzweck, sie folgt den Vorgaben der langfristig ausgerichteten Überprüfung der staatlichen Ausgabenpolitik (Atkinson und Van den Noord 2001; Tanzi und Schuknecht 2000).

4.2 Die Rolle öffentlicher Investitionen

Die Haushalts- und Finanzpolitik in den Mitgliedsländern der Europäischen Währungsunion steht vor einer doppelten Aufgabe: Erstens muß sie im Rahmen eines mittelfristig orientierten Konsolidierungskurses die Rückkehr zu einer soliden staatlichen Finanzgrundlage erreichen und zweitens ist sie gehalten, die dauerhafte Tragfähigkeit der Ausgaben und Defizite sicherzustellen. Ein wichtiger Aspekt ist dabei: Die Ausgabenbegrenzung muß durch eine Verbesserung der Ausgabenstruktur begleitet sein und wachstums- und beschäftigungsfreundlicher gestaltet werden. Die finanzpolitischen Leitplanken der Bundesregierung betonen dies: "Der Anteil zukunftsorientierter Ausgaben an den Gesamtausgaben sollte erhöht werden. Als Zukunftsausgaben gelten vor allem Infrastrukturinvestitionen sowie Ausgaben für Bildung, Wissenschaft und Forschung und ressourcen-schonende Technologien." (BMF 2000c: 18).

Der Staat fördert die Faktorakkumulation direkt, indem er in Sachkapital (Infrastruktur), Humankapital (Bildung und Ausbildung) und Wissenskapital (FuE und Innovation) investiert. Die Sozialausgaben spielen ebenfalls eine Rolle, insbesondere indem sie Investitionen in Humankapital stützen. Öffentliche Investitionen können sich auch indirekt in positiver Weise auf die Gesamtfaktorakkumulation auswirken, wenn sie nämlich die private Investitionstätigkeit ergänzen. So kann die Bereitstellung einer leistungsfähigen Infrastruktur (Verkehrs- und Energieversorgungssysteme usw.) die Produktivität der Investitionen des Privatsektors erhöhen und weitere Investitionen auslösen. Diese Komplementarität kann durch "Partnerschaft" zwischen privatem und öffentlichem Sektor verstärkt werden, die die Effizienz staatlicher Investitionen auch durch die Erhöhung von Kosten-Nutzen-Erwägungen erhöhen und gleichzeitig sicherstellen, dass die sozialen Erträge in den privaten Investitionsentscheidungen berücksichtigt werden (Europäische Kommission 2000g; Leibfritz u.a. 2001: 63ff.).

Investitionen nehmen unter den öffentlichen Ausgaben eine Sonderstellung ein. In haushaltswirtschaftlicher Sicht unterscheiden sie sich von den konsumtiven Ausgaben dadurch, dass sie - jedenfalls teilweise - das staatliche Vermögen vergrößern. Unter gesamtwirtschaftlichen Aspekten werden ihnen besondere wachstumsfördernde Effekte zugeschrieben. Auch werden sie wegen ihrer unmittelbaren Wirkungen auf den Wirtschaftskreislauf und ihrer Flexibilität nicht selten als geeignetes Instrument einer antizyklischen Finanzpolitik angesehen. Sowohl aus den haushaltswirtschaftlichen als auch den gesamtwirtschaftlichen Eigenschaften wird oftmals die Schlußfolgerung gezogen, dass eine Kreditfinanzierung von Investitionen unbedenklich, ja sogar erwünscht sein könnte.[28] Für die Europäische Währungsunion wurde dementsprechend - auch bereits bei der Debatte über die Festlegung der Konvergenzkriterien - immer wieder vorgeschlagen, für Investitionen eine besondere Regelung vorzusehen und die Investitionsausgaben bei der Haushaltsüberwachung bei der Defizitfeststellung unberücksichtigt zu lassen.[29] Zwei Gründe werden für diese Überlegung benannt: Zum einem wird angenommen, dass die Investitionen eine besondere Aufgabe im Rahmen der (kurzfristigen) Stabilisierungsfunktion besäßen, zum anderen gelten öffentliche Investitionen vielfach als wichtiger Faktor für das (längerfristige) ökonomische Wachstum.

Finanzpolitischer Ansatzpunkt ist die Anwendung der sogenannten "Goldenen Defizitregel". Diese besagt, dass ein Defizit im öffentlichen Sektor dann akzeptabel ist, wenn es keine Konsumausgaben, sondern Investitionsausgaben verkörpert. Ein solches Verfahren gäbe den einzelnen Mitgliedsländern einen relativ großen Handlungsspielraum für finanzpolitische Entscheidungen, denn einzelne Volkswirtschaften könnten das Haushaltsdefizit überschreiten, ohne direkte Sanktionen durch den Stabilitätspakt befürchten zu müssen. Seine ökonomische Rechtfertigung gewinnt dieses Argument durch die Annahme

---

[28] Auch der Sachverständigenrat (1998) betont dies (in Absetzung vom Europäischen Stabilitätspakt): "Konsolidierung heißt für uns (mittelfristiger) Abbau des strukturellen Defizits. Konjunkturell bedingte und investitionsorientierte Verschuldung werden dagegen zugelassen. Wenn für die konjunkturelle Normalsituation die Teilnehmer an der Währungsunion ausgeglichene Haushalte oder sogar Haushaltsüberschüsse anstreben sollen, dann darf es offenbar eine investitionsorientierte Verschuldung - wie sie in der Konzeption des strukturellen Defizits zur Ermittlung der dauerhaft zulässigen Kreditaufnahme dient - gar nicht geben." (Sachverständigenrat 1998: 187f.). Im Jahresgutachten 2000 wird ein neues Verfahren zur Berechnung des strukturellen Defizits vorgestellt, das von einer dauerhaft akzeptablen Kreditfinanzierung in Höhe der Investitionsausgaben ("investitionsorientierte Verschuldung") ausgeht: "Insgesamt gilt also nur jener Teil des Defizits als konsolidierungsbedürftig, der weder konjunkturbedingt ist noch auf zeitlich befristete Maßnahmen zurückzuführen ist und eine Neuverschuldung in Höhe der Nettoinvestitionen übersteigt." (Sachverständigenrat 2000: 255).

[29] Nach Artikel 104, Abs. 3 (ex-Artikel 104c) und Verordnung (EG) Nr. 1467/97 (Verfahren bei einem übermäßigen Defizit) werden im Rahmen der Haushaltsüberwachung die Defizite auch im Verhältnis zu den Investitionsausgaben beurteilt. Eine Regelung wie in Art. 115 GG, wonach Defizite bis zur Höhe der Investitionsausgaben gestattet sind, ist im europäischen System der Defizitbegrenzung nicht vorgesehen. Dagegen ist es Bund und Ländern in Deutschland immer noch erlaubt, jährlich Kredite bis zur Höhe ihrer Investitionsausgaben aufzunehmen; zur Abwehr einer gesamtwirtschaftlichen Störung kann diese Grenze überschritten werden. Doch ist weder die gesamtwirtschaftliche Störung noch der Investitionsbegriff eindeutig definiert.

einer Selbstfinanzierung der Investitionsausgaben.[30] Was öffentliche Investitionen für Wachstum und Beschäftigung leisten, hängt jedoch auch von der Finanzierung ab. Mit der Kreditfinanzierung ergibt sich ein zusätzliches Problem: Schuldtitel der öffentlichen Hand stellen eine nahezu risikofreie Anlagemöglichkeit dar und verringern damit die Attraktivität riskanterer privater Investitionen. Eine hohe Staatsverschuldung drückt zudem das Zinsniveau nach oben, wodurch sich die Kapitalkosten erhöhen und die Anzahl rentabler privater Investitionsprojekte sich folglich verringert. Die Anhäufung öffentlicher Schulden kann somit die Gesamtkapitalbildung vermindern, so dass die Volkswirtschaft nicht in dem Tempo neue Technologien einsetzen kann, wie es zur Erhaltung der Wettbewerbsfähigkeit und zur Schaffung hochproduktiver Arbeitsplätze nötig wäre.

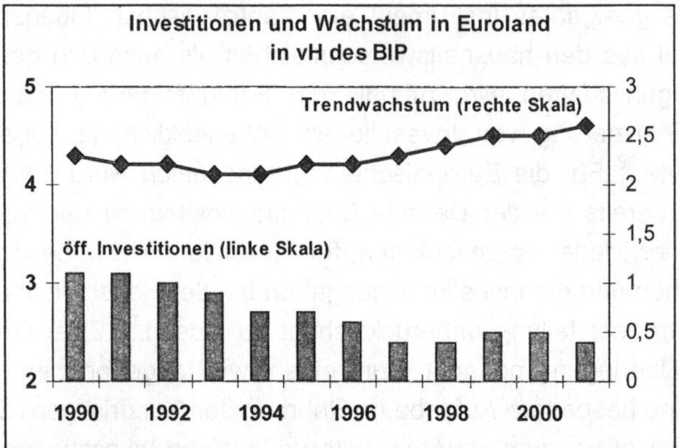

Quelle: EU-Kommission

Die Verschuldungsgrenzen des europäischen Stabilitätspaktes sind deshalb klarer und eindeutiger definiert, als sie etwa von der deutschen Verfassung gezogen sind und damit können defizitfinanzierte Investitionen nicht mehr ohne weiteres in den Dienst der Stabilisierungspolitik gestellt werden. Abgesehen davon, dass die empirische Erfassung von Investitionen recht willkürlich ist (und auch für die europäische Haushaltsüberwachung ein großes Problem der Kontrolle darstellen würde),[31] ist nicht von vornherein klar, inwieweit öffentliche Investitionen "produktiver" als die anderen Ausgaben sind. Es ist vor al-

[30] In diesem Sinn werden immer wieder Vorschläge unterbreitet, die Defizitbegrenzung in der Währungsunion zu korrigieren: "Da sich Investitionsausgaben entsprechend der Goldenen Defizitregel langfristig selbst finanzieren, wächst das Vertrauen der Finanzmärkte und der EZB in die defizitfinanzierte Ausgabenpolitik einzelner Mitgliedsstaaten. Bevor dieses System jedoch in die Praxis umgesetzt werden kann, muss Ecofin X diejenigen Investitionsausgaben klassifizieren, die unter die Goldene Regel fallen." (Kasten und Soskice 2000). Weitergehende Überlegungen zu einem entsprechenden alternativen Stabilitätspakt finden sich in Arestis, McCauly und Sawyer (1999).

[31] Immer wieder Anlaß für wissenschaftliche Analysen und öffentliche Diskussionen ist die "richtige" Definition des Begriffs der öffentlichen Investitionen. Weder die haushaltstechnische noch die statistische Abgrenzung öffentlicher Investitionen wird letztlich dem Anliegen gerecht, wachstumsfördernde Ausgaben der öffentlichen Hand adäquat und vollständig zu erfassen (BMF 1998).

lem fraglich, ob jeweils das Höchstmaß an ökonomischer "Leistungsfähigkeit" der investiven Ausgaben zu erwarten ist, dies auch deshalb, weil die Entscheidung über diese Investitionen nicht notwendigerweise einem ökonomischen Wachstumskalkül folgt.[32]

Zweifellos erfüllen viele öffentliche Investitionen eine wichtige Funktion als Komplementärgut zu privaten Investitionen. Unbestritten ist auch, dass staatliche Investitionshilfen unmittelbar in erheblichem Umfang private Investitionen anstoßen. Aber: Sinkende Investitionen bzw. Investitionsquoten haben zahlreiche Ursachen, die nicht notwendigerweise zu einer Verminderung künftiger Wachstums- und Beschäftigungschancen führen, zumal ein Teil dieses Angebots an Gütern besser durch den Privatsektor bereitgestellt werden kann. Hinzu kommt: Auch nichtinvestive Ausgaben können eine wachstumssteigernde Wirkung entfalten. Die alte "goldene Regel" der Kreditfinanzierung von Investitionen bietet insofern keine Gewähr für eine tragbare Finanzlage der öffentlichen Hand und für die Kontrolle des Gesamtschuldenstandes.

Hinzu kommt: Die Wirkungen öffentlicher Investitionen sind nicht unabhängig vom bereits erreichten Niveau der Infrastrukturausstattung, wobei dies auch im Zusammenhang mit den künftig erforderlichen Infrastrukturleistungen zu betrachten ist. Nicht alle öffentlichen Investitionen scheinen sich wachstumsfördernd auszuwirken und auch ein Rückgang der Investitionsausgaben muß sich nicht zwingend in einem Rückgang des Wirtschaftswachstums niederschlagen.[33] Zu beachten ist auch, dass sich Infrastruktur-Investitionen in Bezug auf spätere Verwendungserfordernisse - dies gewinnt gerade im Hinblick auf die massiven Veränderungen der Altersstruktur eine besondere Relevanz (vgl. Teil 4.3) - letztlich als über- oder falsch dimensioniert erweisen können.

---

[32] Eine Reihe von Untersuchungen zeigt, dass bei weitem nicht alle öffentlichen Investitionen das künftige Wachstumspotential vergrößern und dass demzufolge ihre Kreditfinanzierung zu erheblichen künftigen Belastungen führen kann. Auch Sachinvestitionen erhöhen nicht unbedingt das ökonomische Wachstumspotential und selbst bei Infrastruktureinrichtungen sind Vorbehalte angebracht. Dies gilt vor allem für entwickelte Volkswirtschaften, wo Effizienzgewinne durch zusätzliche Investitionen in die öffentliche Infrastruktur nur noch gering ausfallen oder sogar negativ sind (Leibfritz u. a. 2001; Deutsche Bundesbank 1999; Kitterer und Scharf 1995; Fernald 1999). Allerdings dürften heute gerade solche Investitionen, die die Bildung von Humankapital fördern, künftig von größerer Bedeutung sein (Ahn und Hemmings 2000).

[33] Zu beachten ist aber, dass die ausgewiesenen Zahlen-Werte sich auf die Ausgaben des Sektors Staat beziehen. Dadurch sind unter Umständen Infrastrukturleistungen privater Akteure unterbelichtet. Dies betrifft etwa die öffentlichen Leistungen eines breiteren Kreises von Unternehmen in öffentlichem, öffentlichem und privatem wie privatem Besitz, die Infrastrukturleistungen erbringen (Bau und Betrieb von Infrastruktur in den Bereichen Verkehr, Energie, Telekommunikation und Wasserversorgung).

Gerade in "reifen" Volkswirtschaften mit gut ausgebauter Infrastruktur ist diese Gefahr besonders groß (Deutsche Bundesbank 1999).

Die Diversität der staatlichen Investitionen und deren möglicherweise vielschichtige Rolle im Wachstumsprozeß spiegeln sich in den eher gemischten Ergebnissen der empirischen Untersuchungen wider (Leibfritz u. a. 2001). Zu beachten ist auch, dass (zusätzliche) Ausgaben für öffentliche Investitionen zwar vielfach als komplementär zu privaten Investitionen wirken, es zeigt sich aber, dass sie auch oft in Konkurrenz zu einer privatwirtschaftlichen Ressourcenverwendung stehen. Was für den Wachstumseffekt letztlich zählt, ist nicht die öffentliche Akkumulation von Produktionsfaktoren an sich, sondern die gesamte (öffentliche plus private) Faktorakkumulation.

Vor diesem Hintergrund muß im Hinblick auf die aktuellen Konsolidierungserfordernisse - die sich zu Recht vor allem auf qualitative Veränderungen bei Staatsverbrauch und Übertragungen beziehen - auch für die öffentlichen Investitionen gelten: *Kein Ausgabenbereich sollte von vornherein von den notwendigen Konsolidierungsanstrengungen ausgenommen werden. Deshalb kann es auch keine besondere Legitimation für die Schuldenfinanzierung der Investitionen geben. Die nationalen Kreditfinanzierungsregeln sollten kompatibel sein mit den Vorgaben des Europäischen Stabilitäts- und Wachstumspakts und garantieren, dass sich die mittelfristige Haushaltsposition "close to balance or in surplus" befindet.*

Zu einer Strategie der nachhaltigen Finanzpolitik gehören deshalb auch institutionelle Korrekturen auf nationale Ebene. An erster Stelle steht eine Änderung der Defizitregeln im deutschen Haushaltsrecht. In der Haushaltspraxis haben sich die Intentionen des Art. 115 in ihr Gegenteil verkehrt.[34] Die Bindung der Defizite an die Höhe der Investitionsausgaben hat sich als wenig wirksam erwiesen. *Die im Rahmen der europäischen Regelungen auch von der Bundesregierung angestrebte Haushaltspolitik ohne Defizite (ausgeglichener Haushalt), sollte deshalb auch durch eine entsprechende gesetzliche Vorgabe abgesichert werden.* Dies heißt, dass auch Investitionen künftig prinzipiell durch

---

[34] Diese Regelungen sollten im Zuge der anstehenden föderalen Finanzreform im Zusammenhang mit der Schaffung eines *nationalen Stabilitätspaktes* geändert werden. Die Kreditfinanzierungsregel des Art. 115 GG ist mit der Verwirklichung der Europäischen Vorgaben ohne praktische Relevanz und in diesem Zusammenhang sollte auch die Entwicklung von anwendbaren intergenerativen Belastungs-Bilanzen vorangetrieben werden (Deutsche Bundesbank 1999; Bundesrechnungshof 1999: 34ff.).

Steuern statt durch Kredite finanziert werden müßten.[35] Inwieweit bei der Defizitbegrenzung konjunkturelle Gesichtspunkte zum Tragen kommen können (etwa die Feststellung eines gesamtwirtschaftlichen Ungleichgewichts), ist insbesondere vor dem Hintergrund der Anwendung von "automatischen Stabilisatoren" zu prüfen. Ebenso sollte geprüft werden, ob für die Finanzpolitik ähnliche Regelungen möglich sind, wie sie für die Geldpolitik gelten (d. h. die Bindung der finanzpolitischen Entscheidungen an längerfristig geltende Vorgaben). Erforderlich sind aber auch Korrekturen in der staatlichen Buchhaltung, um die Erfassung von Lasten und Vermögen besser zu ermöglichen.[36]

4.3 Die "unsichtbare Staatsschuld": Demografische Faktoren als Langzeitproblem der öffentlichen Finanzen

Besondere Gefahren für die nachhaltige Entwicklung der öffentlichen Finanzen in Europa (und in anderen Industrieländern) ergeben sich aus den Veränderungen der Altersstruktur: Sinkende Geburtenraten und höhere Lebenserwartungen werden die öffentlichen Finanzen der Länder des Eurogebiets in den kommenden Jahrzehnten verstärkt unter Druck setzen. In den kommenden Jahrzehnten wird sich die Bevölkerung der EU-Mitgliedstaaten nach Umfang und Altersprofil erheblich ändern (Tabelle 6). Den letzten Bevölkerungsprojektionen von Eurostat zufolge wird sich die Bevölkerung im erwerbsfähigen Alter (zwischen 20 und 64) bis 2015 in der EU mehr oder weniger stabil bei 230 Millionen Personen halten, danach aber bis 2050 auf 192 Millionen zurückgehen. Gleichzeitig wird sich die Anzahl älterer Bürger (über 65) von 61 Millionen im Jahre 2000 auf 103 Millionen im Jahre 2050 erhöhen. Damit wird sich die Altersabhängigkeitsquote in der EU (Verhältnis Bevölkerungsanteil über 65 zu

[35] Die Bundesregierung sieht das Problem und will bei einer Kreditfinanzierung öffentlicher Investitionen strengere Maßstäbe anlegen: Die Tilgung der Kredite für Sachinvestitionen soll künftig während der Lebensdauer des Investitionsobjekts erfolgen (BMF 2000c: 18).

[36] Potentiale für Innovationen gibt es auch im Haushaltsverfahren: Nach wie vor beherrscht eine kameralistische Sicht die Budget-Erstellung in den meisten Ländern (von Hagen und Harden 1995); eine Haushaltsreform, die eine periodengerechte Verbuchung ermöglicht und alle Lasten und Vermögen berücksichtigt, brächte mehr Transparenz und bessere Kontrolle in die staatlichen Budgets (Atkinson und Van den Noord 2001; Lüder 2000; IMF 1999).

Tabelle 6: Projektion der Bevölkerungsentwicklung in der EU 2000-2050 (in Mio.)

	2000	2010	2020	2030	2040	2050
Belgien	10,2	10,4	10,5	10,5	10,4	10,1
Dänemark	5,3	5,5	5,6	5,6	5,6	5,6
Deutschland	82,1	83,4	83,3	82	79,6	76
Finnland	5,2	5,3	5,3	5,3	5,1	5
Frankreich	59,2	61,4	62,8	63,7	63,5	62,2
Griechenland	10,5	10,8	10,8	10,7	10,6	10,2
Großbritannien	59,5	60,9	62,2	63,2	62,9	61,8
Irland	3,8	4,1	4,4	4,6	4,7	4,8
Italien	57,6	57,3	56	54	51,5	48,1
Luxemburg	0,4	0,5	0,5	0,5	0,5	0,6
Niederlande	15,9	16,7	17,3	17,7	17,9	17,7
Österreich	8,1	8,1	8,2	8,1	7,9	7,6
Portugal	10	10,3	10,5	10,7	10,8	10,7
Schweden	8,9	9	9,1	9,3	9,2	9,2
Spanien	39,4	39,9	39,5	38,6	37,3	35,1
EU-15	376,2	383,4	386	384,6	377,6	364,5

Quelle: Eurostat

Bevölkerung im erwerbsfähigen Alter) rasch von 27 % im Jahre 2000 auf 53 % im Jahre 2050 erhöhen. Durch die alternde Bevölkerung wird es zu beträchtlichem Druck in Richtung auf höhere Ausgaben für die gesetzliche Altersversorgung kommen. Deshalb muß - solange keine wesentlichen, etwa durch Zuwanderung bedingte Änderungen in der Altersstruktur zu erwarten sind[37] - davon ausgegangen werden, dass die mittelfristige demografische Entwicklung eine ernsthafte Herausforderung für die Tragfähigkeit der derzeitigen Alterssicherungssysteme darstellt. Insbesondere die größten Volkswirtschaften des Euro-Währungsgebiets werden demzufolge in den kommenden Jahrzehnten mit einer einschneidenden Veränderung ihrer demografischen Struktur konfrontiert sein werden.[38]

Die Alterslasten werden - solange nicht grundlegende Reformen stattfinden - dramatische Effekte auf die öffentlichen Finanzen haben (Europäische Zentralbank 2000b; Deutsche Bundesbank 1997b; EU-Kommission 2000f).[39] Es geht dabei nicht allein um die ausgewiesene Staatsverschuldung mit den jährlichen Defiziten, vielmehr kommen in den Alterslasten die versteckten Elemente der Staatsverschuldung zum Ausdruck. Die öffentlichen Budgets in den europäischen Ländern werden in vielfältiger Weise betroffen sein: Bei schwächerer wirtschaftlicher Dynamik fallen deutlich niedrigere Steuereinnahmen an. Die produktive Generation der Bevölkerung gibt zudem eine deutlich kleinere Steuerbasis ab. Die Ausgaben dagegen werden steigen, weil die Systeme der sozialen Sicherung insgesamt stärker beansprucht werden. Dies gilt für die Alterssicherung und die Sozialhilfe für ältere Menschen. Es trifft aber auch für die Krankenversicherung zu, bei der das zunehmende Durchschnittsalter die Ausgaben anschwellen lassen wird. Die Stärke dieser Effekte hängt davon ab,

---

[37] Zwar kann sich auch die Nettozuwanderung auf den Umfang und die Struktur der Bevölkerung auswirken, doch hat dieser Faktor nach allgemeiner Ansicht nur einen begrenzten Einfluss. Zuwanderung kann zwar dazu beitragen, die aus der Alterung der Bevölkerung entstehenden finanziellen Probleme der gesetzlichen Alterssicherungssysteme abzumildern, doch wird der Zustrom von Arbeitskräften in EU-Staaten bisher stark durch regulierte Arbeitsmärkte oder andere strukturelle Faktoren begrenzt. Im übrigen müsste die Nettozuwanderung, die erforderlich wäre, um eine erhebliche Verlangsamung des Alterungsprozesses der Bevölkerung herbeizuführen, deutlich über dem bisher in Europa verzeichneten Umfang liegen.

[38] Abgesehen von den unmittelbaren Folgen für die öffentlichen Budgets und die langfristige Tragfähigkeit der Finanzpolitik hat diese Veränderung der Bevölkerungsstruktur auch gravierende gesamtwirtschaftliche Auswirkungen (Wirtschaftswachstum, Arbeitsproduktivität und Sparverhalten). Damit verbunden sind Veränderungen der Funktionsweise der Märkte, aber auch der Transmissionsmechanismus und die Wirksamkeit der Geldpolitik und Verschiebungen der Preisbildungskomponenten.

[39] Sowohl bei der EU als auch bei der OECD wurden zu der Thematik "Folgen des demographischen Wandels" Arbeitsgruppen eingerichtet, auch die Länder der G 10, wo die Alterslasten besonders dramatisch eingeschätzt werden, sehen großen Handlungsbedarf (Group of Ten 1998).

wie erfolgreich die Alterssicherungssysteme und das Gesundheitssystem in den nächsten Jahren umgebaut werden. Hinzu kommt in den öffentlichen Haushalten die Zeitbombe der Pensionslasten für die Staatsdiener, die vor allem in den siebziger Jahren mit dem Ausbau des Wohlfahrtsstaates kräftig ausgedehnt wurden. Staatliche Ausgaben können auch deshalb ansteigen, weil die Infrastruktur (Schulen, Verkehrssysteme, Verwaltungsgebäude) in Bezug auf die neue Situation überdimensioniert ist (vgl. Teil 4. 2.) und nicht zügig angepasst werden kann; die Kosten lassen sich jedenfalls nicht umgehend zurückfahren.

In den haushaltspolitischen Planungen und Projektionen der Euro-Mitgliedsländer sind diese Lasten bisher nicht ausreichend berücksichtigt worden und auch das Überwachungsverfahren konzentriert sich auf die herkömmlichen finanzpolitischen Indikatoren. Da sich diese Haushaltskennziffern nur auf einen kurzen Zeitraum beziehen, eignen sie sich kaum für eine umfassende Beurteilung der langfristigen finanziellen Konsequenzen einer alternden Bevölkerung. Gerade in einem umlagefinanzierten Alterssicherungssystem werden - wenn die Altersstruktur sich in der dargestellten Weise verändert - mit den laufenden Rentenausgaben und der aktuellen Einnahmenentwicklung die zukünftigen Zahlungsverpflichtungen massiv unterschätzt. Außerdem eignen sich die kurzfristigen Haushaltsindikatoren nur bedingt zur Erfassung der langfristigen Belastungen, da die Erfassung bestimmter Finanztransaktionen und somit auch deren Berücksichtigung bei der Ermittlung des Budgetsaldos mit konzeptionellen Schwierigkeiten verbunden ist. So werden beispielsweise Sozialversicherungsbeiträge in der Regel genau wie Steuern - also als Zahlungsströme, die das jährliche Haushaltsdefizit verringern - erfaßt, obwohl diese mit ganz anderen Konsequenzen verbunden sind als Steuereinnahmen: Die Beitragszahlungen begründen für die Beitragszahler einen künftigen Rentenanspruch und müßten demzufolge - zumindest in der ökonomischen Wirkung - einer öffentlichen Schuldenaufnahme gleichgestellt werden. In gleicher Weise müßten dann die Zahlungen an die Rentner als eine Tilgung dieser Schulden betrachtet werden (statt sie als laufenden Ausgaben des öffentlichen Sektors zu verbuchen).

In der jüngsten Vergangenheit wurden verstärkt Versuche unternommen, die fiskalischen und wirtschaftlichen Kosten der Verschiebung der Altersstruktur umfassend zu ermitteln.[40] Diese Ansätze stützen sich im wesentlichen auf langfristige Vorausberechnungen der künftigen Rentenbezüge und -beiträge, die auf mehr oder weniger genauen Prognosen der demografischen und wirtschaftlichen Entwicklung beruhen. Darüber hinaus ist eine Reihe von zusammenfassenden Indikatoren entwickelt worden, mit denen die voraussichtliche Entwicklung der Rentenbezüge und -beiträge in Kennziffern für die gesamten impliziten Nettoverbindlichkeiten des Alterssicherungssystems bzw. in quantitative Indikatoren der politischen Anpassungsmaßnahmen, die zur Wiederherstellung der langfristigen Zahlungsfähigkeit der öffentlichen Haushalte erforderlich sind, umgerechnet werden können. Diese Berechnungen laufen im Prinzip darauf hinaus, dass zukünftige Generationen zusätzlich zu den Beiträgen an die staatlichen Umlagesystemen der Alterssicherung eine erhebliche auf die Zukunft bezogene Nettosteuerlast zu tragen haben werden, die später zu Steuererhöhungen, zu neuen Defiziten oder zu Ausgabeneinschränkungen führen müssen.

Mit dem Konzept des *Generational Accounting*[41] wird versucht, die dauerhafte Tragbarkeit der öffentlichen Finanzen auf längere Sicht und die damit verbundene Umverteilung zwischen den Generationen darzustellen. Die darauf basierenden Berechnungen kommen zum Ergebnis, dass die Aufwendungen für die Alterssicherung gemessen am BIP in den Jahren 2000 bis 2030 in den meisten Euro-Ländern ganz erheblich zunehmen werden, und zwar in einer Größenordnung von 5 Prozentpunkten des BIP oder sogar mehr. Angesichts dieser Ergebnisse erscheinen Korrekturen in der Politik dringend erforderlich. Die finanzpolitische Konsequenz besteht darin, dass es infolge der abzusehenden Verschiebung der Altersstruktur zwangsläufig zu einer erheblichen Verschlechterung des Primärsaldos kommt. Dies würde die gegenwärtig be-

---

[40] Insbesondere Auerbach, Kotlikoff und Leibfritz (1999) haben solche Berechnungen angestellt. Ferguson und Kotlikoff (2000) kommen in diesem Zusammenhang zu einer äußerst pessimistischen Einschätzung der Perspektiven der europäischen Währungsunion, da sie annehmen, dass die Euroländer nicht in der Lage zu grundlegenden Fiskalreformen seien und sie vermuten aufgrund dieser Annahme ein existenzgefährdendes Desintegrationspotential für die Währungsunion: "Generational accounting suggests that EMU could degenerate - not overnight, but within the next decade." (121)

[41] Bisher gibt es keine erkennbaren Perspektiven für eine Integration des *Generational Accounting* in die herkömmliche staatliche Buchführung oder gar die Möglichkeit diese abzulösen (EU-Kommission 1999a); obwohl es hierzu starke Reformbestrebungen gibt, wird der Handlungsbedarf bei den staatlichen Akteuren nicht als allzu groß eingestuft: So hat die Bundesregierung in ihren finanzpolitischen Leitplanken (BMF 2000c) solche institutionellen Reformen nicht auf die Agenda gesetzt und im Finanzplan (BMF 2000b) werden nur die künftigen Zinsausgaben und die Vorsorgeleistungen (für die eine Versorgungsrücklage gebildet worden ist) geschätzt. Die Gesamtlasten des Alterssicherungssystem werden hingegen nicht thematisiert.

stehenden Haushaltsungleichgewichte erneut verschärfen und die in einigen Mitgliedstaaten ohnehin hohen Schuldenstände noch besorgniserregender erscheinen lassen. Um einen Aufbau übermäßiger Schulden aus den Alterssicherungssystemen zu vermeiden, wäre dementsprechend eine erhebliche Verbesserung der derzeitigen Primärsalden erforderlich. Ein Aufschub der notwendigen politischen Gegenmaßnahmen würde in späteren Jahren umso größere Anpassungen erfordern. Wenn alle diese künftigen Lasten berücksichtigt werden, ist die Aufgabe der Konsolidierung noch weit größer, als dies in den jetzigen Sparmaßnahmen zum Ausdruck kommt. Gerade die Sozialsysteme sind dabei der größte Posten mit der stärksten Belastungsdynamik, ein langfristig tragfähiges staatliches Finanzierungssystem muß deshalb in diesem Bereich zu grundsätzlichen Korrekturen gelangen, die zum einen von den öffentlichen Haushalten (einschließlich Parafisci) getragen werden können, und zum andern mit den Erfordernissen des politisch-ökonomischen Systems kompatibel sind.[42]

4.4 Zusätzliche flankierende Strukturreformen

Wenngleich insgesamt solide öffentliche Finanzen die sich aus der Alterung der Bevölkerung ergebenden finanziellen Belastungen abmildern würden, erscheinen auch zusätzliche Reformen der öffentlichen Transfersysteme und des Beschäftigungssystems erforderlich. In diesen Zusammenhang gehört auch ein Abbau der Verzerrungen auf den Arbeitsmärkten der EU, die durch die hohe Abgabenlast und die negativen Anreize, Arbeit anzubieten und nachzufragen, entstanden sind. Hier spielt die effiziente Gestaltung der Rahmenbedingungen durch den Staat eine wesentliche Rolle. Die implizite Staatsverschuldung ist nicht zuletzt eine Folge der mangelnden Leistungsfähigkeit der Arbeitsmärkte. Deshalb wird es eine entscheidende Aufgabe sein, die Beschäftigungsintensität des ökonomischen Wachstums zu erhöhen. Die Sozialsysteme benötigen einen grundlegenden Umbau und dies nicht nur aus Gründen ihrer zunehmenden Unfinanzierbarkeit, sondern vor allem wegen ihrer strukturellen Wirkungen. Die meisten politikberatenden Institutionen - der

[42] Möglich sind Reformen innerhalb der bestehenden Systeme (etwa Anpassung der Regelaltersgrenzen und der Rentenniveaus, Veränderung der Rentenansprüche gegenüber den umlagefinanzierten gesetzlichen Altersversorgungssystemen); möglich sind aber Ergänzungen der bestehenden Systeme um kapitalgedeckte Elemente unter Beteiligung des privaten Sektors. In einer Reihe von Mitgliedstaaten wird dieser Weg inzwischen eingeschlagen (Europäische Kommission 2000g).

Sachverständigenrat, OECD, IWF und auch viele Wirtschaftsforschungsinstitute - plädieren für eine Überprüfung der Regelungssysteme auf dem Arbeitsmarkt. Auch die EU-Kommission betont in den *Grundzügen der Wirtschaftspolitik* (2000) die Probleme, die aus der raschen Alterung der Bevölkerung auf die langfristige Tragfähigkeit der öffentlichen Finanzen ausgehen: "Betrachtet man die budgetären Auswirkungen der Bevölkerungsalterung, so dürften die Ausgaben für öffentliche Renten- und Gesundheitsfürsorge-Systeme stark anwachsen, wenn die Politik nicht geändert wird. Zur Bewältigung dieses Problems werden die Mitgliedstaaten umfassende Strategien entwickeln müssen, die Maßnahmen zur Sicherung der Tragfähigkeit der öffentlichen Finanzen, eine Reform der Renten- und Gesundheitsfürsorgesysteme sowie Maßnahmen zur Förderung einer höheren Erwerbsbeteiligung, insbesondere älterer Arbeitskräfte, einschließen." (EU-Kommission 2000a: 8). Arbeitsmarktreformen, durch die sich die Erwerbstätigenquote erhöht, können dazu beitragen, den negativen Effekt der demographischen Entwicklung auf den Umfang der Erwerbsbevölkerung zu kompensieren. Dies bedeutet eine steigende Erwerbsbeteiligung von Frauen und älteren Menschen. Erforderlich sind dazu Reformen, die dazu führen, dass Abgaben- und Sozialleistungssysteme Anreize zum Verbleiben auf dem Arbeitsmarkt vermitteln, Frühverrentungsprogramme weniger in Anspruch genommen werden, lebenslanges Lernen gefördert wird und Beruf und Familie sich besser miteinander vereinbaren lassen. Zwar wurden im Bereich der gesetzlichen Altersversorgung in den letzten Jahren erste Maßnahmen durchgeführt, doch bedarf es weiterer Reformen, die darauf abzielen, die Erwerbsquote der Frauen und älteren Menschen zu erhöhen, durch eine engere Verknüpfung von Beitragsleistung und Anspruchsberechtigung für mehr Fairness bei der Leistungsbemessung zu sorgen und ein besseres Gleichgewicht zwischen den verschiedenen Säulen der Altersversorgung herzustellen.

Diesen positiven Effekten können jedoch negative Auswirkungen auf Arbeitsangebot und -nachfrage gegenüberstehen. Eine großzügig gewährte Arbeitslosenunterstützung und eine lange Leistungsbezugsdauer beispielsweise können, wenn nicht mit einer effizienten Arbeitsvermittlung und Überwachung der Arbeitsverfügbarkeit verbunden, zur Abhängigkeit von Sozialleistungen und einer "Arbeitslosigkeitsfalle" am unteren Ende der Lohnskala führen. Vorruhestandsregelungen bieten zwar älteren Arbeitnehmern in schlechten Zeiten eine Absicherung, doch halten sie diese davon ab, in guten Zeiten wieder auf den Arbeitsmarkt zu gehen, oder veranlassen sie zu einem vorzeitigen Ausscheiden aus dem Erwerbsleben. Konkrete Erfahrungen in Europa und anderen Wirtschaftsräumen stützen die Auffassung, dass Reformen des Abgaben- und Sozialleistungssystems, insbesondere hinsichtlich der Kriterien für die Leistungsgewährung, die Erwerbs- und die Erwerbstätigenquote erhöhen können. Was die Erhebung von Steuern und anderen Abgaben anbetrifft, so münden hohe Abgaben auf Arbeit am unteren Ende der Lohnskala zusammen mit einer steilen Steuerprogression und weitgehendem Leistungswegfall bei nachgewiesenem Einkommen in eine "Armutsfalle" und mindern die Humankapitalbildung. Eine Verringerung der Gesamtabgabenbelastung kann sich zwar positiv auf die private Investitionstätigkeit auswirken, doch lässt sich diese Wirkung dadurch verstärken, dass stark verzerrend wirkende Abgaben gesenkt werden (vgl. Kapitel 4. 2.). Ein weiterer entscheidender Faktor für die Verbesserung der langfristigen Wachstumsaussichten ist es, die Reformen der Abgaben- und Sozialleistungssysteme als Gesamtprojekt anzugehen. Umfassend ansetzende Reformen, die Anreize zur Erwerbstätigkeit und zur Humankapitalbildung liefern, erhöhen die Innovationspotentiale der Volkswirtschaft, fördern unternehmerische Initiative und begünstigen damit die Investitionstätigkeit des Privatsektors.

5. Koordinationsprobleme der Finanzpolitik im Euro-Raum

Der institutionelle Rahmen des Euro-Raumes ist durch verschieden große Wirkungsradien der Geldpolitik auf der einen und der Finanzpolitik auf der anderen Seite gekennzeichnet. Die Geldpolitik des Euro-Systems ist definitionsgemäß supranational ausgerichtet, demgegenüber ist die Finanzpolitik der Mitgliedstaaten fast ausschließlich an nationalen Interessen orientiert. Aus diesem institutionellen Rahmenwerk unterschiedlicher Entscheidungsebenen und Wirkungskreise entstehen besondere Bedingungen für das Zusammenspiel von Geld- und Finanzpolitik. So ist nicht ohne weiteres ausgeschlossen, dass einzelne Länder ihre Finanzpolitik zu Lasten der gesamten Währungsunion ausrichten. Da der Einfluß eigener nationaler Budgetdefizite auf die finanzielle Stabilität fortan vornehmlich vor dem Hintergrund der Entwicklung im gesamten Währungsraum und nicht mehr allein im eigenen Land beurteilt wird, befinden sich einzelne Länder in einer Art "Gefangenendilemma": Eine gleichgewichtige Lösung als Ergebnis nationaler Nutzenerwägungen ergibt auch aus Sicht der einzelnen Staaten letztlich keinen optimalen Zustand. Die Schlußfolgerung: Eine befriedigende Lösung läßt sich nur durch koordiniertes Vorgehen erreichen. Dies ist der entscheidende Grund dafür, die Finanzpolitik der Mitgliedstaaten stärker zu koordinieren. Die neue Europäische Währungsunion hat - trotz aller Vorbereitungen in den Jahren vor dem Eintritt in die dritte Stufe - deshalb unvermeidlich Neuland vor allem im Hinblick auf die institutionellen Strukturen der europäischen Wirtschaftspolitik betreten. Mit der Einführung des Euro wurden zahlreiche neue Politik-Formen und Gremien geschaffen. Dennoch ist nicht zu übersehen, dass damit auch eine Asymmetrie entstanden ist, die der Europäischen Zentralbank eine institutionelle Dominanz im Kräftespiel der europäischen Wirtschaftspolitik zuweist. Dem Eurosystem wurden eine klare Aufgabenzuweisung auf europäischer Ebene (analog dem Zentralbanksystem in Deutschland) zugewiesen, während eine Harmonisierung der anderen Politikbereiche - vor allem der Finanzpolitik - noch nicht umfassend und grundsätzlich vorgesehen ist. Allerdings zeigen die Initiativen und Versuche, diese Abstimmungen auf europäischer Ebene stärker zu institutionalisieren, den allmählichen Aufbau eines europäischen Institutionensystems auch für die Haushalts- und Finanzpolitik.

5.1 Die neuen Institutionen der finanzpolitischen Koordinierung

Wirtschaftspolitische Koordination soll den Mitgliedstaaten ermöglichen, eigenständig bzw. im europäischen Verbund auf Konjunkturschwankungen zu reagieren und den Konjunkturverlauf mit jenen der anderen Mitgliedstaaten zu synchronisieren. Daher wird künftig ebenso der multilateralen Budgetüberwachung wie auch einer effektiveren Abstimmung der öffentlichen Finanzpolitiken der Mitgliedstaaten untereinander ein viel bedeutenderer Stellenwert in der WWU zukommen. In der Entschließung des Europäischen Rates von Luxemburg im Dezember 1997 über den Ausbau und eine effizientere Gestaltung der Wirtschaftspolitischen Koordinierung in der Europäischen Union sind dafür die notwendigen Rahmenbedingungen geschaffen worden. Der EG-Vertrag legt entsprechend fest, dass die Mitgliedstaaten "ihre Wirtschaftspolitik als eine Angelegenheit von gemeinsamem Interesse" zu betrachten haben (Artikel 99 neu). Um diesen Grundsatz in der Praxis wirksam werden zu lassen, schreibt der Vertrag gemeinsame Leitlinien und den Einsatz multilateraler Überwachungs- und Koordinierungsmechanismen vor, die vor allem im Zusammenhang mit dem Haushaltsüberwachungsverfahren bereits etabliert wurden.

Die verstärkte Koordinierung der Finanzpolitiken zielt insbesondere auf folgende Tatbestände:

- zur Vermeidung eines unangemessenen makroökonomischen *policy-mix* zwischen der Geld-, der Finanz- sowie der Lohn- und Einkommenspolitik in der Europäischen Union,
- zur Vermeidung negativer wirtschaftlicher *spill-overs* durch öffentliche Finanzpolitiken anderer, vor allem größerer Mitgliedstaaten,
- zur effektiven Ex-ante-Verhinderung einer Zahlungsunfähigkeit eines Mitgliedstaates,
- zur wirksamen gemeinsamen Bekämpfung von konjunkturellen Überhitzungserscheinungen oder Abschwungphasen in der Europäischen Union,
- zur ausreichenden Bereitstellung öffentlicher Güter in der Europäischen Union,
- zur wirkungsvollen Bekämpfung eines schädlichen Steuerwettbewerbs in der Europäischen Union,
- und zur Verhinderung von möglichem *free-rider*-Verhalten durch Mitgliedstaaten.

Die gegenwärtigen Koordinierungsmöglichkeiten sind in eine überaus komplexe Struktur der Zuständigkeiten, Abstimmungsebenen und Konsultationsmuster eingebettet (vgl. Übersicht). Drei wesentliche Bereiche der Koordinierung können unterschieden werden. Erstens gibt es die bereits beschriebenen Verfahren zur Haushaltskontrolle, in deren Rahmen die einzelnen Mitgliedsländer im Bereich der Finanzpolitik einem erheblichen Anpassungsdruck ausgesetzt sind. Ein zweites Koordinierungsinstrument sind die *Grundzüge der Wirtschaftspolitik*, die es dem Europäischen Rat ermöglichen, länderspezifische Empfehlungen zu makroökonomischen und strukturellen Fragen zu formulieren. Dieser Bereich ist zugleich eine entscheidende Politikebene zur Erreichung eines politischen Konsenses. Drittens existieren auf Gemeinschaftsebene eine Reihe von Koordinierungsgremien wie der Rat der Wirtschafts- und Finanzminister (Ecofin-Rat), das eher informelle Gremium der Euro-Gruppe (Euro-11 bzw. 12)[43] und die Gruppe Steuerpolitik.[44] Diese Einrichtungen des Rates der Europäischen Union sind neben der EZB die wesentlichen Abstimmungsgremien für die Wirtschaftspolitik. Sie sind jedoch eingebunden in ein Geflecht weiterer Einrichtungen (Europäische Kommission, Europäisches Parlament, Wirtschafts- und Finanzausschuß, Ausschuß für Wirtschaftspolitik) und Politikbereiche (makroökonomischer Dialog, Beschäftigungsstrategie, Strukturreformen) der Europäischen Gemeinschaft.

Die Mitgliedstaaten haben sich in diesem institutionellen Geflecht - "in wenig transparenten Gremien und auf verworrenen Wegen" (ZEIT) - zu einer verstärkten wirtschaftspolitischen Kooperation und Koordinierung verpflichtet. Das Ziel ist dabei die Einhaltung der Stabilitätsorientierung der Währungsunion, um Wachstum und Beschäftigung zu fördern. Für die Makropolitik bedeutet dies: Eine stabilitätsorientierte Finanzpolitik im Rahmen des Stabilitäts- und Wachstumspaktes, gleichzeitig eine Restrukturierung der Staatshaushalte zugunsten von Investitionen und Zukunftssicherung (Umwelt, Bildung, Ausbildung, Bau und Verkehr). Die Lohnpolitik soll den Beschäftigungsaufbau stützen und sich

---

[43] Diese Untergruppe des Ecofin-Rates geht auf eine Entschließung des Europäischen Rats in Luxemburg vom Dezember 1997 über die wirtschaftspolitische Koordinierung in der dritten Stufe der Währungsunion zurück. Die Europäische Kommission und gegebenenfalls der Präsident der EZB werden zu den Treffen der Euro12-Gruppe eingeladen. Der informelle Charakter wird durch den bewußten Verzicht auf die Schaffung neuer Strukturen (wie etwa die Einrichtung eines eigenen Sekretariats, die Erstellung eines eigenen Statuts oder einer Geschäftsordnung) deutlich. Ziel dieses Konsultationsgremiums ist ein verbesserter Meinungsaustausch, wodurch ein Konsens in der Beurteilung der wirtschaftlichen Problemstellungen ermöglicht werden soll (Deutsche Bundesbank 2001: 26ff.).

[44] Dieses Gremium besteht aus Referenten der Finanzministerien der EU-Mitgliedsländer.

Übersicht: Institutionen und Instrumente der Koordinierung

Ecofin-Rat und Euro-Gruppe	Das zentrale Gremium zur Koordinierung der Wirtschafts- und Finanzpolitik in der EU ist der Rat der Wirtschafts- und Finanzminister der EU (Ecofin). Der *Ecofin-Rat* legt im Einklang mit dem Vertrag und dem Stabilitäts- und Wachstumspakt Stellungnahmen oder Empfehlungen zur Haushaltspolitik eines Mitgliedstaates fest. Gleichzeitig treffen sich die Finanzminister der Euro-Länder zu informellen und vertraulichen Beratungen in der Euro-Gruppe. Ihr gehören nach der Einführung des Euro in Griechenland zwölf Mitgliedstaaten der EU an. Der Präsident der EZB nimmt an diesen Beratungen teil.
Grundzüge der Wirtschaftspolitik	Die *Grundzüge der Wirtschaftspolitik* sind das zentrale Koordinierungsinstrument für die Wirtschaftspolitiken in der Gemeinschaft. Nach dem EG-Vertrag sollen die Mitgliedstaaten ihre Wirtschaftspolitik so ausrichten, dass sie zur Verwirklichung der Ziele der EU beiträgt. Die Wirtschaftspolitik soll als eine Angelegenheit von gemeinsamem Interesse betrachtet werden und im Rat koordiniert werden. Zu diesem Zweck verabschiedet der Rat der EU seit Beginn der zweiten Stufe der Währungsunion jährlich auf Grundlage einer Empfehlung der Kommission die *Grundzüge*. Er richtet dabei Empfehlungen für eine abgestimmte wirtschaftspolitische Strategie an alle Mitgliedstaaten gemeinsam sowie an jeden einzelnen Mitgliedstaat. Die Europäischen Kommission legt jährlich einen Umsetzungsbericht vor.
Stabilitäts- und Wachstumspakt	Mit dem Vertrag von Maastricht haben sich die Mitgliedstaaten auf die Einhaltung verbindlicher Eckwerte im Bereich der Haushalts- und Finanzpolitik verständigt. Durch die Bestimmungen des Stabilitäts- und Wachstumspaktes wurden diese Vereinbarungen weiter konkretisiert und ermöglichen eine ausdifferenzierte Überwachung der Haushaltspolitik der Mitgliedsländer. Bei ungenügender Qualität müssen die Programme zurückgewiesen werden, die wechselseitige Kontrolle bei der Haushaltüberwachung wird intensiviert und gleichzeitig wird ein Frühwarnsystem bei der Überwachung der Umsetzung der Stabilitäts- und Konvergenzprogramme etabliert.

Makroöko-nomischer Dialog	Der Makroökonomische Dialog (Köln-Prozess) zielt darauf, die makroökonomischen Voraussetzungen für einen dauerhaften, von Investitionen und Innovationen getragenen dynamischen Wachstums- und Beschäftigungsprozess zu verbessern. Dabei tauschen sich Vertreter der EZB bzw. der Nicht-WWU-Zentralbanken sowie der Sozialpartner unter voller Wahrung ihrer Autonomie und Unabhängigkeit mit Rat und Kommission regelmäßig darüber aus, welchen Beitrag sie für ein dynamisches nichtinflationäres Wachstum und mehr Beschäftigung leisten können und welche Erwartungen sie dabei an die jeweils anderen makroökonomischen Akteure haben. Angestrebt wird eine wachstums- und stabilitätsorientierte Ausrichtung von Lohnentwicklung, Geld- und Finanzpolitik. Lohnentwicklung und Finanzpolitik sollen ein mittelfristig verlässliches Stabilitätsfundament legen und damit auch die EZB unterstützen, ihr Stabilitätsziel bei möglichst wachstumsfreundlichen monetären Bedingungen zu erreichen.
Beschäfti-gungs-strategie	Im Rahmen der Koordinierten Beschäftigungsstrategie (Luxemburg-Prozess) unterziehen sich alle Länder der EU einer kontinuierlichen Überprüfung ihrer nationalen Arbeitsmarkt- und Beschäftigungspolitik. Am Ende jedes Jahres beschließt der Europäische Rat beschäftigungspolitische Leitlinien. Sie enthalten gemeinsame Ziele, die die Mitgliedstaaten durch jährliche nationale beschäftigungspolitische Aktionspläne umsetzen.
Struktur-Reformen	Mit der Begleitung strukturpolitischer Entwicklungen in der EU (Cardiff-Prozess) soll ein Beitrag zur Verbesserung der Wettbewerbsfähigkeit und der Effizienz der Waren-, Dienstleistungs- und Kapitalmärkte geleistet werden. Zusätzliche Impulse hat der Cardiff-Prozess durch die Beschlüsse des ER von Lissabon erhalten, auf dem die Staats- und Regierungschefs eine strukturpolitische Offensive initiiert haben. Zentrale Punkte sind die Einrichtung eines künftig jährlich stattfindenden Frühjahrsgipfels zu Wirtschafts- und Beschäftigungsfragen und eines im Vorfeld des Gipfels zu erstellenden Syntheseberichts der Kommission, der auch eine Bewertung der strukturpolitischen Fortschritte in den einzelnen Mitgliedstaaten auf Basis von Strukturindikatoren enthalten wird.

mittelfristig an der Produktivitätsentwicklung orientieren. Eine solche makroökonomische Koordinierung soll insgesamt erreichen, dass Lohn-, Geld- und Finanzpolitik zu einem stetigen und angemessenen Wirtschaftswachstum und zu einem höheren Beschäftigungsstand bei gleichzeitig monetärer Stabilität beitragen.[45] Deutlich wird diese Koordinierungsvorstellung auch im Europäischen Beschäftigungspakt, der unter deutscher Präsidentschaft auf dem Europäischen Rat von Köln beschlossen wurde. Die drei Säulen des Europäischen Beschäftigungspaktes - Makroökonomischer Dialog, koordinierte Beschäftigungsstrategie und Strukturreformen - sind auf längere Dauer angelegte und aufeinander abgestimmte Prozesse, die alle Maßnahmen der Union für mehr Beschäftigung in ein umfassendes und konsistentes Gesamtkonzept einbinden.

Drei verschiedene Gruppen von Akteuren tragen Verantwortung dafür, dass der Policy-Mix tragfähig gestaltet werden kann: Die Europäische Zentralbank (mit den nationalen Zentralbanken), die nationalen Regierungen und die Sozialpartner. Eine wirksame Koordinierung zwischen diesen Gruppen von Akteuren und zwischen den Ländern ist erforderlich, um eine konsistente Politik zu gewährleisten. Der makroökonomische Policy-Mix im Euro-Gebiet wird eingerahmt durch einen mehrstufigen Entscheidungsprozeß: Die einheitliche Geldpolitik wird gesetzt durch die EZB für den Euro-Raum als Ganzes, für die Haushaltspolitik werden weiterhin die nationalen Regierungen verantwortlich sein, allerdings unter Beachtung der Vorkehrungen des Vertrages und der Erfordernisse des Stabilitäts- und Wachstumspaktes, dagegen werden die Sozialpartner weiterhin die Lohnfindung auf nationaler, regionaler, sektoraler oder selbst noch stärker dezentraler Ebene gemäß ihren jeweiligen Gepflogenheiten bestimmen. Die Strukturpolitik wird dagegen wesentlich im Kompetenzbereich der nationalen Regierungen verbleiben.

Die wirtschaftspolitische Koordinierung hat jedoch auch Grenzen. Es gibt bisher in Europa kein umfassendes Regelwerk, das die Schlüsselgebiete Geldpolitik, Finanzpolitik und Lohnpolitik im Sinn einer von allen beteiligten Akteuren

---

[45] In diesem Zusammenhang haben die Europäischen Räte von Köln und Helsinki die Bedeutung der wirtschaftlichen Reform als Schlüsselkomponente der Beschäftigungsstrategie und der makroökonomischen Stabilitätspolitik hervorgehoben (Europäische Kommission 2000e). Sie sind neben den Regelungen des Stabilitäts- und Wachstumspaktes die wesentlichen Grundlagen der Koordinierung auf EU-Ebene. Die Europäischen Kommission legt im übrigen jährlich einen Umsetzungsbericht zu den *Grundzügen der Wirtschaftspolitik* vor, der erste Bericht ist im Frühjahr 2001 erschienen (EU-Kommission 2001b).

akzeptierten Arbeitsteilung koordiniert.[46] Dies liegt nicht nur an den unterschiedlichen Politikoptionen, die nach wie vor den wirtschaftspolitischen Diskurs in Europa bestimmen. Es liegt auch an den institutionellen Grenzen der europäischen Integration: Sie liegen dort, wo nationale Verantwortlichkeiten und nationaler Handlungsbedarf verwischt werden. Aktionen auf Gemeinschaftsebene können dort nicht stattfinden, wo die Subsidiarität eine nationale Vorgehensweise ermöglicht oder gebietet. Der Stabilitätspakt und seine Instrumente bilden in diesem Zusammenhang noch kein ausreichendes Ensemble von Grundsätzen und Verfahren, um die Wirtschaftspolitik in der Euro-Zone zufriedenstellend zu organisieren.[47]

5.2 Wirtschafts- und Finanzpolitik im institutionellen Spannungsfeld

Mit dem Beginn der Wirtschafts- und Währungsunion hat sich das institutionelle Gefüge für die Wirtschafts- und Finanzpolitik in Europa deutlich geändert. Die Geld- und Wechselkurspolitik steht als nationales Politikinstrument nicht mehr zur Verfügung, die Wechselkurse der Mitgliedsländer wurden unwiderruflich fixiert, die Geldpolitik ist der Europäischen Zentralbank (EZB) übertragen und damit zentralisiert worden und die Fiskalpolitik der Mitgliedsländer wurde im Hinblick auf Defizite und Verschuldungsentwicklung bindenden Regeln unterworfen. Die Einbindung der neuen EZB in diesen Rahmen basiert zunächst

---

[46] So gibt es z. B. die Forderung, ein zusätzliches "Entscheidungszentrum für die Wirtschaftspolitik" (Prodi) zu schaffen, um der Europäischen Zentralbank als geldpolitischer Behörde einen gleichwertigen und vor allem mit einer Stimme sprechenden Gesprächspartner gegenüberzustellen. Mit einem solchen wirtschaftspolitischen Rat als Gegengewicht zur EZB soll die wirtschafts- und finanzpolitische Repräsentation der Euro-Zone aufgewertet und mit zusätzlichen Kompetenzen auch im Hinblick auf die einheitliche und glaubwürdige Außendarstellung ausgestattet werden. Die Frage ist allerdings, ob eine solche institutionelle Ergänzung eher als Gegenregierung zur Europäischen Zentralbank (wie es etwa in Frankreich betont wird) oder als Teil einer kohärenten Gesamtstrategie formuliert wird.

[47] Am Beispiel der offiziellen Kritik an der Haushaltspolitik Irlands mit Bezug auf die Vorgaben der *Grundzüge der Wirtschaftspolitik* läßt sich die aktuelle Debatte zur Koordinierung der Haushalts- und Wirtschaftspolitik in Euroland nachzeichnen. Irland ist der erste Testfall für die Umsetzung der unterschiedlichen Koordinierungsansprüche. Neben den Problemen von konkurrierenden ökonomischen Analysen (die auch im irischen Fall vorliegen), zeigt sich hier das Konfliktpotential zwischen nationaler Entscheidungsebene und europäischer wirtschaftspolitischer Gesamtstrategie. Die EU-Kommission hat hierzu eine Mitteilung über die Verstärkung der wirtschaftspolitischen Koordination verabschiedet. Im einzelnen wird eine Erweiterung der Koordinierung mit zusätzlicher Konsultation (Abstimmungen über Strategien und Reaktionen auf externe Schocks) und Expertise (z. B. Gutachten über den Policy-Mix, Verstärkung der statistischen Informationen) vorgesehen, eine stärkere Vorabinformation der EU-Gremien über wirtschaftspolitischen Maßnahmen in den Mitgliedsländern, und Transparenz und Sichtbarkeit (Berichte der Kommission) vorgeschlagen (NZZ 8. 2. 2001 10).

auf ihren vertraglich festgelegten Pflichten: Im EG-Vertrag - d. h. im neuen Vertrag von Amsterdam - sind hierzu mehrere Ebenen der Zusammenarbeit zwischen den verschiedenen Funktionsbereichen vorgesehen, die von Beratungen über wirtschaftspolitische Dialoge bis hin zu normativen Befugnissen reichen (Bundesbank 2001: 26ff.; Europäische Zentralbank1999c, 2000c). Mit ihrer Unabhängigkeit nimmt die EZB im institutionellen Gefüge eine Sonderstellung ein und damit werden klare Abgrenzungen vorgegeben, was die Zusammenarbeit zwischen den Gemeinschaftsorganen und -einrichtungen einerseits und der EZB andererseits betrifft. Die institutionelle Unabhängigkeit wird zusätzlich durch die Tatsache unterstrichen, dass sie eine eigene Rechtspersönlichkeit besitzt und ihr Budget nicht Bestandteil des allgemeinen Haushalts der Union ist.[48] Ein weiteres Merkmal der besonderen Stellung ist ihr klar definierter Auftrag, die Preisstabilität im Euro-Währungsgebiet zu fördern und auf diese Weise zur Verwirklichung der wirtschaftspolitischen Ziele der Gemeinschaft beizutragen. Die funktionelle Unabhängigkeit wird durch die Zuweisung der Kontrolle über Leitzinsen, Mindestreserven und Zentralbankgeld gewährleistet. Im Hinblick auf die allgemeine Notwendigkeit der Zusammenarbeit und des gemeinsamen Dialogs zwischen den Entscheidungsträgern in einem interdependenten Umfeld verpflichtet der Vertrag von Amsterdam (EG-Vertrag Art. 105) das Eurosystem auch dazu, "die allgemeine Wirtschaftspolitik in der Gemeinschaft zu unterstützen, um zur Verwirklichung der in Artikel 2 festgelegten Ziele der Gemeinschaft beizutragen", soweit dies ohne Beeinträchtigung des Zieles der Preisstabilität möglich ist.

Die damit veränderten Rahmenbedingungen betreffen nicht nur die Geld- und Finanzpolitik, sondern auch die allgemeine Wirtschafts- und Sozialpolitik der Mitgliedstaaten. Die Rollenverteilung zwischen Geld- und Finanzpolitik sieht für die Finanzpolitik vor, eine dauerhafte Tragfähigkeit der Finanzpolitik zu sichern und damit auch langfristig mögliche Konflikte mit den Zielen der Geldpolitik zu vermeiden. Diese Rollenverteilung - eine zentrale Geldpolitik und eine immer noch in nationalem Rahmen verbleibende Fiskalpolitik - ist jedoch nicht ohne Spannungspotential. Dies zeigt sich etwa daran, dass immer wieder die Forderung nach einer stärkeren Politik-Koordination des gesamten Spektrums der Wirtschaftspolitik erhoben wird. Die Kritik macht sich vor allem daran fest,

[48] Die EZB und die am Euro beteiligten nationalen Zentralbanken haben im Europäischen System der Zentralbanken (ESZB) ihre Unabhängigkeit institutionell besonders abgesichert: Änderungen oder Einschränkungen der Unabhängigkeit können nur einstimmig erfolgen. Diese Sicherung der für das ESZB zentralen Unabhängigkeit geht über die institutionelle Absicherung der Deutschen Bundesbank weit hinaus: Diese erfolgt lediglich durch ein einfaches Bundesgesetz.

dass die EZB die einzige europäische Institution ist, die eine unmittelbare Kontrolle über ein makroökonomisches Politikinstrument für den gesamten europäischen Raum besitzt, während alle anderen Institutionen zu einem starken Teil durch die nationalen Akteure bestimmt oder zumindest beeinflußt sind.

Zwar ist das haushaltspolitischen Überwachungsverfahren eine der wesentlichen Voraussetzungen für eine tragfähige Finanzpolitik in Europa. Die Finanzpolitik ist aber - streng genommen - das einzige wirtschaftspolitische Instrument, das in der nationalen Kompetenz der Mitgliedsländer verbleibt. Hier verpflichtet der "Stabilitäts- und Wachstumspakt" die Mitgliedsländer der Währungsunion, die öffentlichen Haushalte mittelfristig auszugleichen und die Finanzpolitik insgesamt dem Prinzip der Nachhaltigkeit zu unterwerfen (vgl. Teil 2). Durch diesen Konvergenzdruck wird der Spielraum für nationale Finanzpolitik - zumindest im Hinblick auf den Haushaltsausgleich, weniger im Hinblick auf die Struktur von Einnahmen und Ausgaben - erheblich eingeschränkt. Mit den Stabilitäts- und Konvergenzprogrammen leisten die EU-Mitgliedstaaten in diesem Zusammenhang aber nur einen Mindestbeitrag zur Koordinierung der Haushalts- und Finanzpolitik.

Dies darf jedenfalls nicht darüber hinwegtäuschen, dass damit noch keine ausreichende Gewähr vorhanden ist, dass die nationalen Politiken damit künftig eine gesamteuropäische Perspektive einnehmen werden. Die Gefahr besteht, dass in diesem "kardinalen Kreuzungspunkt von Ökonomie und Politik" (Böckenförde) die monetären Probleme unterschiedlich gedeutet und sich die wirtschaftspolitischen Strategien leicht in konkurrierende Politikmuster aufgliedern werden. Gerade durch das Fehlen einer traditionellen Stabilitätskultur ist es nicht völlig gesichert, dass die Europäische Zentralbank - deren geldpolitische Konzeption immer noch nicht klar konturiert ist - dem politischen Druck aus den Mitgliedsländern der Europäischen Union dauerhaft standhalten kann. Da die nationale Kompetenz - bei Problemdefinition und politischer Entscheidung - in der Finanzpolitik prinzipiell aufrechterhalten bleibt, kann es zu einem Spannungsverhältnis zwischen gemeinsamer Geldpolitik und nationaler Finanzpolitik, aber auch generell zwischen gemeinschaftlichen Vorgaben (etwa im Rahmen der *Grundzüge der Wirtschaftspolitik*) und nationalen Entscheidungen kommen.

Es ist deshalb von entscheidender Bedeutung, Institutionen und Regelungen zur Herstellung einer gemeinsamen europäischen Stabilitätskultur zu entwickeln. Zwar schreibt der EG-Vertrag vor, dass die Mitgliedstaaten ihre Wirtschaftspolitik als eine Angelegenheit von gemeinsamem Interesse betrachten und sie im Rat koordinieren sollen. Vorgesehen ist auch, jährlich auf Grundlage einer Empfehlung der Kommission die strategischen Grundlinien der Wirtschaftspolitik für die Union festzulegen. Eine wichtige Voraussetzung hierzu ist aber das Vorliegen einer einheitlichen und von allen geteilten Daten- und Analyse-Grundlage für den Euro-Raum. Auch hier hat die Europäische Union Neuland betreten und es ist in diesem Zusammenhang noch nicht klar ersichtlich, inwieweit es zu einer langfristig gültigen Annäherung der finanzpolitischen Ordnungsvorstellungen kommen wird. Gerade im Hinblick auf die Herstellung von Kompatibilität oder gar eine Annäherung von finanzpolitischen Ordnungsvorstellungen ist eine "Europäisierung" der politikorientierten Forschung von erheblichem Gewicht. Der Aufbau eines Systems der europäischen Politikberatung ist erst in den Anfängen und sollte zügig vorrangebracht werden. Ein guter Schritt hierzu ist die neue Begutachtungsform für das EU-Parlament. Dies ermöglicht zugleich die Schaffung von Transparenz im Rahmen einer vertieften europäischen (Fach-)Öffentlichkeit, die für die weitere wirtschaftspolitische Integration eine wesentliche Bedingung darstellt.[49]

5.3 Zentralisierung der Finanzpolitik oder fiskalischer Föderalismus?

Auch mit einer stärkeren europäischen Abstimmung und Koordination verbleibt die Finanzpolitik grundsätzlich in der Zuständigkeit der einzelnen Mitgliedstaaten, allerdings sind die Spielräume für eine eigene Gestaltung nationaler Finanzpolitik deutlich kleiner geworden. Mittelfristig wird die weitere Entwicklung der nationalen Finanzpolitik jedoch vor allem davon abhängen, inwieweit die Regelungen des Stabilitäts- und Wachstumspaktes tatsächlich dauerhaft greifen und auf lange Sicht die Politik des Haushaltsausgleichs sicherstellen werden. Dies ist keinesfalls gewährleistet, solange die nationalen Vorgaben keine entsprechenden Defizitregeln vorsehen. An den negativen Reaktionen an den Finanzmärkten und in der Öffentlichkeit läßt sich aber ablesen, dass auch durch die Märkte ein gewisser Druck auf die Mitgliedsländer zur Einhaltung der finanzpolitischen Grenzwerte ausgeübt wird. Deshalb ist es nicht von der Hand

[49] Unionsweite Analysen und Prognosen im Auftrag des EU-Parlament werden nunmehr von einem Konsortium von sieben Forschungsinstitutionen vorgelegt (DIW, IfW, Prometeia, NIESR, ETLA, WiFo und OFCE).

zu weisen, dass nicht nur durch die institutionellen Vorgaben ein gewisser Druck entsteht, finanzpolitische Stabilisierungskompetenzen auf die Zentralebene zu übertragen. Eine EU-Finanz- und Haushaltspolitik ist deshalb aber noch nicht installiert. Der EU- Gesamthaushalt ist dafür (noch) nicht geeignet: Das Ausgabenvolumen ist auf 1,27 vH in Relation zum gesamten nominalen Bruttosozialprodukt der Mitgliedsländer begrenzt und der Haushalt gilt überdies für alle 15 Mitgliedsländer und nicht nur für die 11 Teilnehmer an der Währungsunion. Zudem kennt der EU-Haushalt keine eigenständige Schuldenaufnahme und verfügt über keine Steuerhoheit.[50]

Unter den jetzt herrschenden Bedingungen bleibt deshalb nur eine stärkere Koordinierung der Finanzpolitik in der Währungsunion. Artikel 99 Abs. 1 EG-Vertrag sieht vor, dass die Mitgliedsländer ihre Wirtschaftspolitik koordinieren, um zur Verwirklichung der Ziele der Gemeinschaft beizutragen. Allerdings: Wenn und solange die nationalen Konjunkturen in den Teilnehmerländern der Währungsunion asynchron verlaufen, lassen sich nationale Finanzpolitiken nicht ohne weiteres in den Dienst einer einheitlichen makroökonomischen Strategie nehmen. Bei einer ähnlichen Konjunkturlage sind gleichgerichtete Maßnahmen möglich, dies setzt aber dann immer noch voraus, dass die finanzpolitischen Akteure in den einzelnen Ländern von einem einheitlichen Diagnosebild ausgehen und sich auch über die Zielsetzungen der Finanzpolitik einig werden. Dies geht weit über die Vorgaben des *Stabilitäts- und Wachstumspaktes* und über Maßnahmen der (partiellen) Steuerharmonisierung hinaus. Wie das Beispiel der Auseinandersetzungen um die irische Finanz- und Haushaltspolitik zeigt, könnte dies auch die Leitfunktion der *Grundzüge der Wirtschaftspolitik* überlasten.

Die Frage ist aber zunächst: Ist der darin zum Ausdruck kommende fiskalische Föderalismus auch ökonomisch von Vorteil oder sollte aus Gründen der makroökonomischen Stabilisierung dieser Politikbereich stärker koordiniert oder gar zentralisiert werden? Dies betrifft zuerst die Frage der regionalen Anpas-

[50] Dennoch stellt sich die Frage, inwieweit die Europäische Union bereits selbst über zunehmende fiskalische Ressourcen verfügt, die eine Basis für eine künftige eigene europäische Fiskalpolitik abgeben könnten. Die Finanzverfassung der EU kombiniert Prinzipien, wie sie für internationale Institutionen typisch sind, mit jenen von nationalstaatlichen Finanzverfassungen, d. h. die damit verbundene Finanzierungsmöglichkeit durch eigene Mittel verleiht der EU ein Maß an finanzieller Autonomie, das - Umfang und Finanzautonomie betreffend - weit über die internationaler Organisation hinausgeht (EU-Kommission 1995; Wagner 1999). Eine Erhöhung der finanziellen Autonomie der Union, etwa durch die (immer häufiger geforderte) Einführung von EU-Steuern, wäre nicht nur ein weiterer Schritt zu einem europäischen Bundesstaat, sondern gäbe der Union auch ein größeres makroökonomisches Steuerungspotential.

sung an externe Schocks. Hier stellt sich das Problem, ob die dezentrale Form des fiskalischen Föderalismus, wie er in Europa vorhanden ist, die Wirksamkeit fiskalischer Maßnahmen in makroökonomischer Hinsicht erhöht oder mindert. In bereits lange etablierten Währungsunionen (wie etwa den USA) spielt die zentralisierte Form des fiskalischen Managements eine wesentliche Rolle im Rahmen der Ausgaben- und Einnahmenpolitik und ebenso für die makroökonomische Stabilisierung. Eine solche zentralisierte Form der Finanzpolitik ist in Euroland weder im Sinn einer makroökonomischen Stabilisierungsfunktion noch in allokativer Hinsicht bisher vorgesehen.[51] Es spricht aber auch viel aus ökonomischen Gründen für eine dezentralisierte Form der Finanzpolitik, die durch die Wirkung der automatischen Stabilisatoren auf nationaler Ebene eine relativ starke Ausgleichswirkung im Fall von externen Schocks ermöglichen. Auch der relativ leichte Zugang der Mitgliedsländer zu den Weltfinanzmärkten dürfte darüber hinaus ein guter Ersatz für zentralisierte Formen von Finanztransfers darstellen (temporale Risikoabsicherung statt interregionalem Beistand).[52] Eine Zentralisierung der Haushaltspolitik scheint deshalb keine vorteilhafte Option zu sein, eine funktionale Koordination - die den nationalen Akteuren eine spezifische Rolle zuweist - bedeutet gerade den Verzicht auf eine Zentralisierung. Damit kann ein Ausgleich gegenüber unterschiedlichen wirtschaftlichen Entwicklungsverläufen geschaffen werden.

Dennoch sind mit der Währungsunion größere Interdependenzen im Euro-Raum entstanden, die zu einem größeren (ökonomisch begründeten) Bedarf an Koordination führen. Fehlentwicklungen in einzelnen Staaten der Eurozone können direkt auf die Entwicklung in anderen Staaten durchschlagen. Diese Erkenntnis ist ein wichtiger Beweggrund für die EU-Mitgliedstaaten, ihre Wirtschafts- und Finanzpolitik stärker zu koordinieren. Allerdings ist aufgrund des komplizierten Mehrebenen-Entscheidungssystems der Europäischen Union mit langen Entscheidungs- und Implementationsfristen zu rechnen. Darüber hinaus gilt für die Aufgabenwahrnehmung innerhalb der Europäischen Union das Subsidiaritätsprinzip. Eine europäische Abstimmung ist insbesondere dort erforderlich, wo starke internationale Übergreifeffekte vorhanden sind (so etwa

[51] Dies trotz vieler Expertenberichte, die eine stärkere Zentralisierung vorschlagen, darunter beispielsweise der McDougall-Bericht (EU-Kommission 1977) oder der Forte-Bericht (EU-Kommission 1979).

[52] Dies setzt natürlich voraus, dass die Mitgliedsländer ihre Finanzpolitik im Sinn des Stabilitätspaktes ausrichten um genügend fiskalischen Handlungsspielraum für konjunkturelle Abschwungphasen zu haben. Eine europäisch zentralisierte Fiskalpolitik ist dazu jedoch nicht erforderlich: Ein Großteil der Literatur betont, dass eine solche Politik auf die Korrektur von Externalitäten begrenzt sein sollte; vgl. die Übersicht bei Ochel (1998).

bei den staatlichen Beihilfen an die Industrie, die den internen EU-Wettbewerb verzerren, wodurch ein zentralisierter Mechanismus zur Subventionskontrolle eine günstige Wirkung ausüben könnte). Derzeit werden auf europäischer Ebene (aber auch im Rahmen der OECD) intensive Diskussionen über eine stärkere Koordinierung der Steuersysteme geführt, um die Steuereffizienz zu fördern und um dem ökonomisch nachteiligen Steuerwettbewerb entgegenzuwirken.[53] Besondere Aufmerksamkeit gilt auch einer stärkeren Koordinierung der Unternehmensbesteuerungssysteme. Diese weichen in den einzelnen EU-Ländern erheblich voneinander ab und es erscheint außerordentlich schwierig, in diesem Bereich zu einer weiteren Abstimmung zu gelangen. Im Bereich der indirekten Steuern sieht der EG-Vertrag den Grundsatz der Steuerharmonisierung vor. Was die Mehrwertsteuer betrifft, so ist die Europäische Union verpflichtet, das bestehende Mehrwertsteuersystem zu modernisieren, zu vereinfachen, mißbräuchliche Anwendungen zu reduzieren und es schließlich in ein wirklich einheitliches System zu verwandeln, das ausschließlich auf dem Ursprungslandprinzip beruht. Im Bereich der Verbrauchsteuern soll die nach wie vor breite Streuung der Sätze wegen ihrer Auswirkungen auf die Handelsströme und ihrer Effekte im Hinblick auf die Abwanderung der Steuerbasis in Niedrigsteuerländer verringert werden.[54]

Sollen und können aber auch die anderen Politikbereiche koordiniert oder zentralisiert werden? Bei der künftige Koordinierung der Finanzpolitik sind noch erhebliche Anstrengungen erforderlich, um realistische und effektive Verfahrensformen zu finden. Auch eine stärkere Abstimmung der Ausgaben auf europäischer Ebene ist ein Thema für die finanzpolitische Koordinierung, insoweit diese durch internationale *spill over*-Effekte gekennzeichnet sind. So verzerren etwa die staatlichen Beihilfen an die Industrie den EU-internen

---

[53] Angestrebt wird auch, den unfairen Steuerwettbewerb in Europa und weltweit zu bekämpfen. Ein wichtiges Beispiel ist in diesem Zusammenhang ein Verhaltenskodex zur Unternehmensbesteuerung, der schädliche Sonderregelungen der steuerlichen Bevorteilung ausländischer Unternehmen vermeiden soll. Auch die unterschiedlichen Regelungen zur Zinsbesteuerung gehören dazu. Diese Probleme sind im nationalen Alleingang nur schwer in den Griff zu bekommen, deshalb sind (zumindest) europaweite Lösungen von Vorteil (Europäische Kommission 2000d: 22ff.; Europäische Kommission 2000c: 59ff.). Auf dem EU-Gipfel im Juni 2000 (Feira) hat man sich grundsätzlich darauf geeinigt, dass innerhalb von zwei Jahren eine Richtlinie verabschiedet werden soll, die - um eine Mindestbesteuerung von Zinserträgen sicherzustellen - einen Informationsaustausch zwischen den Mitgliedsländern vorsieht.

[54] Ein wichtiger Gesichtspunkt für die Koordinierung der Finanzpolitik ist die Frage der Entscheidungsstrukturen auf europäischer Ebene. Es gibt immer deutlichere Stimmen, die im Hinblick auf Besteuerungsfragen eine Abkehr vom Einstimmigkeitsprinzip - das in Artikel 93 des EU-Vertrages geregelt wird - fordern, so dass gemeinschaftliche Festlegungen von Steuerregelungen und -leitlinien dadurch erheblich erleichtert würden.

Wettbewerb.[55] Schließlich ist im Bereich der Renten ebenfalls zu überlegen, inwieweit eine EU-Koordination (etwa bei der Übertragbarkeit von Ansprüchen) eine höhere Arbeitskräfte-Mobilität ermöglichen könnte. Hier müßte geklärt werden, wer einerseits die Lasten der Steuersubventionen der Beitragszahlungen im jeweiligen Rentensystem trägt und wer andererseits die effektiven Rentenzahlungen übernimmt, die die Unterschiede zwischen den Ländern ausgleichen. Schließlich umfasst eine stärkere Abstimmung auch das Haushalts- und Finanzmanagement: Reformen des budgetären Rahmens analog zur Reform der nationalen Haushaltsordnungen sind ein weiteres Element einer europäischen Reform-Agenda.

[55] Das Gesamtniveau der staatlichen Beihilfen in den Mitgliedstaaten ist nach wie vor sehr hoch und dadurch besteht die große Gefahr von Wettbewerbsverzerrungen auf dem Binnenmarkt. Zwischen 1995 und 1997 zahlten die 15 EU-Länder im Jahresdurchschnitt mehr als 95 Mrd. Euro pro Jahr an Beihilfen (annähernd 1,2 % des BIP). Die EU-Kommission betont zu Recht, dass der Umfang staatlicher Beihilfen deutlich reduziert werden muß. Vor allem geht es dabei um einen Abbau von sektorspezifischen und vor allem Ad-hoc-Beihilfen (Europäische Kommission 2000d: 20ff.).

Literatur

Ahn, S., Hemmings, P. (2000). *Policy Influences on Economic Growth in OECD Countries: An Evaluation of the Evidence* (Economics Department Working Paper No. 246). Paris: OECD.

Alesina, A., Perotti, R. (1995). The Political Economy of Budget Deficits. *IMF Staff Paper*, *42*(1) 1-31.

Arestis, P., McCauly, Sawyer, M. (1999). *An Alternative Stability Pact for the European Union (Working Paper No. 296).* New York: Jerome Levy Economics Institute.

Atkinson, P., Van den Noord, P. (2001). *Managing Public Expenditure: Some Emerging Policy Issues and a Framework for Analysis* (Economics Department Working Paper No 285). Paris: OECD.

Auerbach, A. J., Kotlikoff, L. J., Leibfritz, W. (1999). *Generational Accounting Around the World.* Chicago: University of Chicago Press.

Buchanan, J. M., Wagner, R. E. (1978). *Democracy in Deficit - The political Legacy of Lord Keynes.* New York: Academic Press.

Bundesministerium der Finanzen (1998). *Zur Bedeutung öffentlicher Investitionen* (Volks- und Finanzwirtschaftliche Berichte Oktober 1998). Bonn: BMF.

Bundesministerium der Finanzen (2000a). *Deutsches Stabilitätsprogramm. Aktualisierung Oktober 2000.* Berlin: BMF.

Bundesministerium der Finanzen (2000b). *Finanzbericht 2001.* Berlin: BMF

Bundesministerium der Finanzen (2000c). *Finanzpolitische Leitplanken. Sieben Wegweiser für eine zukunftsfähige, gerechte und europataugliche Finanzpolitik.* Berlin: BMF.

Bundesrechnungshof (1999). *Bemerkungen des Bundesrechnungshofes 1999 zur Haushalts- und Wirtschaftsführung.* Frankfurt/M.: Bundesrechnungshof.

Cullis, J., Jones, P. (1998). *Public Finance and Public Choice.* Oxford: Oxford University Press.

Deutsche Bundesbank (1997a). Zur Problematik der Berechnung "struktureller" Defizite. *Monatsbericht der Deutschen Bundesbank*, *49* (4) 31-46.

Deutsche Bundesbank (1997b). Die fiskalische Belastung zukünftiger Generationen - eine Analyse mit Hilfe des Generational Accounting. *Monatsbericht*, *49* (11) 17-30.

Deutsche Bundesbank (1999). Entwicklung und Finanzierungsaspekte öffentlicher Investitionen. *Monatsbericht der Deutschen Bundesbank*, 51 (4) 29-46.

Deutsche Bundesbank (2001). Neuere institutionelle Entwicklung in der wirtschafts- und währungspolitischen Kooperation. *Monatsbericht der Deutschen Bundesbank*, 53 (1) 15-34.

Eichel, H. (2000). *Finanzpolitik für das nächste Jahrzehnt* (Rede an der Humboldt-Universität am 9. November 2000). Berlin: BMF.

Europäische Kommission (1977). *Report of the Study Group on the Role of Public Finance in the European Integration* (McDougall-Bericht). Brussels: EU-Commission.

Europäische Kommission (1979). *Report of the Study Group on the Economic Effects of Budget and Financial Transfers in the Community* (Forte-Bericht). Brussels: EU-Commission.

Europäische Kommission (1995). *Die Finanzverfassung der Europäischen Union.* Luxemburg: Amt für Veröffentlichungen der Europäischen Gemeinschaften.

Europäische Kommission (1998). *Bericht über den Konvergenzstand mit Empfehlung für den Übergang zur dritten Stufe der Wirtschafts- und Währungsunion.* Brüssel: EU-Kommission.

Europäische Kommission (1999a). Haushaltsüberwachung in der WWU. Die neuen Stabilitäts- und Konvergenzprogramme. *Europäische Wirtschaft, Beiheft A: Wirtschaftsanalysen, 3.*

Europäische Kommission (1999c). *Bericht über die Fortschritte jedes Bewerberlandes auf dem Weg zum Beitritt (Gesamtbericht).* Brüssel

Europäische Kommission (1999d). Generational Accounting in Europe. *European Economy - Reports and studies No. 6.*

Europäische Kommission (2000a). *Empfehlungen der Kommission für die Grundzüge der Wirtschaftspolitik der Mitgliedstaaten und der Gemeinschaft im Jahr 2000.* Brüssel: EU-Kommission.

Europäische Kommission (2000b). *Konvergenzbericht 2000.* Brüssel: EU-Kommission.

Europäische Kommission (2000c). *Public Finances in EMU - 2000* (Report of the Directorate General for Economic and Financial Affairs). Brüssel: EU-Kommission.

Europäische Kommission (2000d). *Wirtschaftsreform: Bericht über die Funktionsweise der gemeinschaftlichen Güter- und Kapitalmärkte.* Brüssel: EU-Kommission.

Europäische Kommission (2000e). *Arbeitsprogramm der Kommission für 2000.* Brüssel: EU-Kommission.

Europäische Kommission (2000f). *Bericht über die Fortschritte jedes Bewer-*

berlandes auf dem Weg zum Beitritt (Gesamtbericht). Brüssel: EU-Kommission.

Europäische Kommission (2000g). *Der Beitrag der öffentlichen Haushalte zu Wachstum und Beschäftigung: Verbesserung von Qualität und Nachhaltigkeit.* Brüssel: EU-Kommission.

Europäische Kommission (2001a). *Kommission legt an Irland zu richtende haushaltspolitische Empfehlungen vor (IP/01/105 vom 24. Januar).* Brüssel: EU-Kommission.

Europäische Kommission (2001b). Report on the Implementation of the 2000 Broad Economic Policy Guidelines. Brüssel: EU-Kommission.

Europäische Kommission (2001c). *Empfehlungen der Kommission für die Grundzüge der Wirtschaftspolitik der Mitgliedstaaten und der Gemeinschaft im Jahr 2001.* Brüssel: EU-Kommission.

Europäische Kommission (2001d). *Public Finances in EMU - 2001* (European Economy No. 3). Brüssel: EU-Kommission.

Europäische Zentralbank (1999a). Die stabilitätsorientierte geldpolitische Strategie des Eurosystems. *EZB-Monatsbericht*, *1*(1)43-56.

Europäische Zentralbank (1999b). Die Umsetzung des Stabilitäts- und Wachstumspakts. *EZB-Monatsbericht*, *1*(5) 49-80.

Europäische Zentralbank (1999c). Der institutionelle Rahmen des Europäischen Systems der Zentralbanken. *EZB-Monatsbericht*, *1*(7).

Europäische Zentralbank (2000a). *Jahresbericht 1999.* Frankfurt: EZB.

Europäische Zentralbank (2000b). Die Finanzpolitik im Euro-Währungsgebiet unter den Bedingungen einer alternden Bevölkerung. *EZB-Monatsbericht*, *2*(7) 63-77.

Europäische Zentralbank (2000c). Die Beziehungen der EZB zu den Organen und Einrichtungen der Europäischen Union. *EZB-Monatsbericht*, *2*(10) 51-67.

Ferguson, N., Kotlikoff, L. J. (2000). The Degeneration of EMU. *Foreign Affairs*, *79*(2) 110-121.

Fernald, J. (1999). Roads to Prosperity? Assessing the Link between Public Capital and Productivity. *AER*, *89*(3)619-639.

Giavazzi, F., Jappelli, T., & Pagano, M. (1998). *Searching for Non-Keynesian Effects of Fiscal Policy: Evidence From Industrial and Developing Countries* (Working Paper 136). Milano: Innocenzo Gasparini Institute for Economic Research (IGIER).

Group of Ten (1998). *The Macroeconomic and Financial Implications of Ageing Populations.* Basle: BIS.

Guitiàn, M. (1997). Scope of Government and Limits of Economic Policy. In M. Blejer & T. Ter-Minassian (Hrsg.), *Macroeconomic Dimensions of Public Finance* (S. 27-39). London: Routledge.

Hagen, J. v., Harden, I. (1995). National Budget Processes and Fiscal Performance. *European Economy: Reports and Studies*, *3*, 311-417.

Hanke, T., Walter, N. (1998). *Der Euro - Kurs auf die Zukunft.* Frankfurt: Campus.

Hankel, W. (Hrsg.) (1998). *Die Euroklage.* Reinbek: Rowohlt.

Heitger, B. (1998). *Wachstums- und Beschäftigungseffekte einer Rückführung öffentlicher Ausgaben: Eine empirische Analyse für die OECD-Länder.* Tübingen: Mohr Siebeck.

International Monetary Fund (1999). *Manual on Fiscal Transparency*. Washington D. C.: IMF.

Kasten, G., Soskice, D. (2000). Möglichkeiten und Grenzen europäischer Beschäftigungspolitik. *Aus Politik und Zeitgeschichte*, *14-15.*

Kitterer, W., Scharf, C.-H. (1995). Sind öffentliche Investitionen produktiv? Eine empirische Analyse für die Bundesrepublik Deutschland, *Finanzarchiv, N.F.*, *52*, 460-477.

Kitterer, W., Wiese, J. (1997). Wege zu soliden Staatsfinanzen in der Europäischen Union. *Orientierungen zur Wirtschafts- und Gesellschaftspolitik*, *78*(4) 39-44.

Leibfritz, W. u. a. (2001). Finanzpolitik im Spannungsfeld des Europäischen Stabilitätspaktes (Gutachten des ifo-Instituts im Auftrag des BMF). Berlin: BMF.

Lüder, K. (2000). Reform des öffentlichen Haushalts- und Rechnungswesens und Finanzkontrolle. *Die öffentliche Verwaltung*, *53*(20) 837 - 845.

Ochel, W. (1997). Europäische Wirtschafts- und Währungsunion und Beschäftigung. Ein Überblick über die theoretischen und empirischen Zusammenhänge. *Ifo-Schnelldienst*, *50*(15) 9-23.

Ochel, W. (1998). Europäisierung der Fiskalpolitik in der Währungsunion? *ifo-Schnelldienst*, *51*(17/18) 19-42.

OECD (1999). *EMU: Facts, Challenges and Policies.* Paris: OECD.

Perotti, R., Strauch, R., von Hagen, J. (1997). *Sustainability of Public Finances* (CEPR Discussion Paper No. 1781). London: CEPR.

Richter, R. (1998). Zur Entwicklung der Makroökonomik in den vergangenen 50 Jahren (1947 - 1997). *RWI-Mitteilungen*, *49*, 1-37.

Roubini, N., Sachs, J. (1989). Government Spending and Budget deficits in the Industrial Countries. *Economic Policy*, *8*, 100-132.

Sachverständigenrat zur Begutachtung der gesamtwirtschaftlichen Entwicklung (1976). *Jahresgutachten 1976/77: Zeit zum Investieren.* Stuttgart: Petzler-Poeschel.

Sachverständigenrat zur Begutachtung der gesamtwirtschaftlichen Entwicklung (1998). *Jahresgutachten 1998/99: Vor weitreichenden Entscheidungen* (Bundestagsdrucksache 14/73). Bonn: Deutscher Bundestag.

Sachverständigenrat zur Begutachtung der gesamtwirtschaftlichen Entwicklung (2000). *Jahresgutachten 2000/01: Chancen auf einen höheren Wachstumspfad* (Bundestagsdrucksache). Berlin: Deutscher Bundestag.

Sarrazin, T. (1997). *Der Euro. Chance oder Abenteuer?* Bonn: Dietz.

Schröder, J. (1999). Verschuldungslizenzen als Alternative zum Stabilitätspakt- und Wachstumspakt. *Wirtschaftsdienst*, *79*(7) 412- 420.

Tanzi, V. (1997). *The Changing Role of the State in the Economy. A Historical Perspective* (IMF Working Paper 97/114). Washington D.C.: IMF.

Tanzi, V., Schuknecht, L. (2000). *Public Spending in the 20th Century.* Cambridge: Cambridge University Press.

Thöni, E., Garbislander, S. (1999). Konsultationsmechanismus und Stabilitätspakt im Bundesstaat. *Wirtschaftsdienst*, *79*(7) 434-448.

Vesper, D. (2000). *Finanzpolitische Stabilisierung im föderalen Staat: Deutsche Erfahrungen aus den 90er Jahren. DIW-Wochenbericht 38,* http://www.diw-berlin.de/deutsch/publikationen/wochenberichte/docs/00-38-1.html

Volz, J. (2000). Aktuelle Tendenzen der Finanzpolitik in der EWU. In *DIW-Wochenbericht 39/00.* Berlin: http://www.diw-berlin.de/diwwbd/00-39-1.html

Wagner, W. (1999). Die Finanzverfassung der Europäischen Union. Entwicklung, Prinzipien und Reformdiskussion. *Aus Politik und Zeitgeschichte*, *B 1-2*, 32-38.

Weizsäcker, R. v. (1992). Staatsverschuldung und Demokratie. *KYKLOS*, *45*(1)51-68.

Friedrich-Ebert-Stiftung
Wirtschafts- und sozialpolitisches Forschungs-
und Beratungszentrum, Abt. Wirtschaftspolitik
Godesberger Allee 149
D-53170 Bonn
Telefax: 0228/883 299

Reihe "Wirtschaftspolitische Diskurse"

Bisher erschienen

Wirtschaftspolitische Diskurse Nr. 1
Ökologische Modernisierung der Energieversorgung der DDR
Ziele, Instrumente, Kooperationsmöglichkeiten
(vergriffen)

Wirtschaftspolitische Diskurse Nr. 2
Das neue Steuersystem für die DDR
(vergriffen)

Wirtschaftspolitische Diskurse Nr. 3
Modernisierung der Wirtschaft in der DDR am Beispiel des alten Industrieraumes Chemnitz
Erfordernisse und Möglichkeiten
(vergriffen)

Wirtschaftspolitische Diskurse Nr. 4
Mecklenburg-Vorpommern - Wege in eine bessere wirtschaftliche Zukunft
(vergriffen)

Wirtschaftspolitische Diskurse Nr. 5
Strukturwandel und Beschäftigungskrise in den neuen Bundesländern
Wirtschaftspolitische Perspektiven nach der Währungs-, Wirtschafts- und Sozialunion
(vergriffen)

Wirtschaftspolitische Diskurse Nr. 6
Kommunale Finanzen und kommunale Wirtschaftsförderung - Grundlagen kommunaler Selbstverwaltung in den neuen Bundesländern
(vergriffen)

Wirtschaftspolitische Diskurse Nr. 7
Die Sanierung der Elbe als Aufgabe deutscher und europäischer Umweltpolitik
Programme, Instrumente und Kooperationen im Gewässerschutz
(vergriffen)

Wirtschaftspolitische Diskurse Nr. 8
Wohnungsnot - Eine unendliche Geschichte?
(vergriffen)

Wirtschaftspolitische Diskurse Nr. 9
Modernisierung der Telekommunikation in den neuen Bundesländern
(vergriffen)

Wirtschaftspolitische Diskurse Nr. 10
Die Zukunft der Landwirtschaft in Brandenburg

Wirtschaftspolitische Diskurse Nr. 11
Die Zukunft selbst gestalten: Beschäftigungs- und Qualifizierungsgesellschaften in der Phase der wirtschaftlichen Neuordnung
(vergriffen)

Wirtschaftspolitische Diskurse Nr. 12
Grundlinien künftiger Tarifpolitik in den neuen Bundesländern
(vergriffen)

Wirtschaftspolitische Diskurse Nr. 13
Arbeitsmarktprobleme und Qualifizierungserfordernisse in den fünf neuen Bundesländern
(vergriffen)

Wirtschaftspolitische Diskurse Nr. 14
Zukunft des Stadtverkehrs in den neuen Bundesländern
(vergriffen)

Wirtschaftspolitische Diskurse Nr. 15
Wirtschaftsförderungsprogramme und -instrumente von EG, Bund, Ländern und Kommunen
Umsetzung in den neuen Bundesländern
(vergriffen)

Wirtschaftspolitische Diskurse Nr. 16
Zwischen Müllfluten und Altlasten
Probleme und Perspektiven der Abfallwirtschaft in den neuen Bundesländern
(vergriffen)

Wirtschaftspolitische Diskurse Nr. 17
Qualifizierungsoffensive Ost
Kein Allheilmittel, aber wichtige Weichenstellung für eine neue berufliche Zukunft
(vergriffen)

Wirtschaftspolitische Diskurse Nr. 18
Von der Kommandowirtschaft zur sozialen Marktwirtschaft
Transformations- und Integrationsprobleme in den neuen Bundesländern
(vergriffen)

Wirtschaftspolitische Diskurse Nr. 19
Chemiestandort Ostdeutschland
Struktur- und industriepolitischer Handlungsbedarf zur wirtschaftlichen und ökologischen Sanierung
(vergriffen)

Wirtschaftspolitische Diskurse Nr. 20
Tourismus an der Ostseeküste Mecklenburg-Vorpommerns
Wirtschaftliche, beschäftigungspolitische und ökologische Aspekte
(vergriffen)

Wirtschaftspolitische Diskurse Nr. 21
Wege zum Aufschwung am Arbeitsmarkt
Berufliche Neuorientierung durch Weiterbildung, Umschulung und Arbeitsbeschaffung in Mecklenburg-Vorpommern /
(vergriffen)

Wirtschaftspolitische Diskurse Nr. 22
Investitionsförderung in Ostdeutschland
(vergriffen)

Wirtschaftspolitische Diskurse Nr. 23
Dezentrale Energieversorgung in Ostdeutschland - Entwicklungsstand und Perspektiven
(vergriffen)

Wirtschaftspolitische Diskurse Nr. 24
Zwischen Markt und Sozialer Frage - Wohnen in den neuen Ländern
(vergriffen)

Wirtschaftspolitische Diskurse Nr. 25
Rettungsanker Osthandel?
Zur Bedeutung der osteuropäischen Exportmärkte für die Unternehmen in den neuen Bundesländern
(vergriffen)

Wirtschaftspolitische Diskurse Nr. 26
Finanzierung der deutschen Einheit
Ansätze zur Neuordnung des Finanzausgleichs und zur Verbesserung der Politik der Treuhandanstalt
(vergriffen)

Wirtschaftspolitische Diskurse Nr. 27
Qualifizierungsangebote in Ostdeutschland
Strukturen - Qualität - Bedarf - Wirksamkeit
(vergriffen)

Wirtschaftspolitische Diskurse Nr. 28
Euroregion Neisse
Grenzüberschreitende Kooperation im deutsch-polnisch-tschechischen Dreiländereck
(vergriffen)

Wirtschaftspolitische Diskurse Nr. 29
Arbeitsbeschaffungsmaßnahmen - Brücke zu neuen Arbeitsplätzen in Ostdeutschland?
(vergriffen)

Wirtschaftspolitische Diskurse Nr. 30
Der Wirtschaftsstandort "Neue Bundesländer"
(vergriffen)

Wirtschaftspolitische Diskurse Nr. 31
Wismut und die Folgen des Uranbergbaus
(vergriffen)

Wirtschaftspolitische Diskurse Nr. 32
Auswirkungen der Wiedervereinigung auf den Industriestandort Deutschland
(vergriffen)

Wirtschaftspolitische Diskurse Nr. 33
Chancen und Gefahren der Europäischen Wirtschafts- und Währungsunion
(vergriffen)

Wirtschaftspolitische Diskurse Nr. 34
Stadtentwicklung in den Neuen Bundesländern
Entwicklungspotential, Investitionsprojekte und Flächennutzung
(vergriffen)

Wirtschaftspolitische Diskurse Nr. 35
Innovationsstandort Deutschland
(vergriffen)

Wirtschaftspolitische Diskurse Nr. 36
Umweltschutz als Standortfaktor
(vergriffen)

Wirtschaftspolitische Diskurse Nr. 37
25 Jahre Stabilitätsgesetz: Überlegungen zu einer zeitgerechten Ausgestaltung der Stabilitäts- und Wachstumspolitik
(vergriffen)

Wirtschaftspolitische Diskurse Nr. 38
Kommunale Wirtschafts- und Technologieförderung in ostdeutschen Grenzregionen: das Beispiel Vorpommern
(vergriffen)

Wirtschaftspolitische Diskurse Nr. 39
Textilstandort Ostdeutschland
Zukunftsperspektiven für die Textil- und Bekleidungsindustrie in den neuen Bundesländern
(vergriffen)

Wirtschaftspolitische Diskurse Nr. 40
Sanierung und Aufbau der ostdeutschen Industrie: Die Verantwortung der Treuhandanstalt
(vergriffen)

Wirtschaftspolitische Diskurse Nr. 41
Chancen und Grenzen der Wohneigentumsbildung in den neuen Bundesländern
Bestandspolitik und Neubauförderung
(vergriffen)

Wirtschaftspolitische Diskurse Nr. 42
Trendwende im Güterverkehr?
Perspektiven für eine neue Arbeitsteilung zwischen den Verkehrsträgern
(vergriffen)

Wirtschaftspolitische Diskurse Nr. 43
Die Zukunft des Tourismus in Thüringen
(vergriffen)

Wirtschaftspolitische Diskurse Nr. 44
Aktivierung und Umnutzung ehemaliger Industrie- und Gewerbeflächen
(vergriffen)

Wirtschaftspolitische Diskurse Nr. 45
Sozialverträgliche Sanierung ostdeutscher Innenstädte
Konsequenzen für die Versorgung mit Wohnraum und Gewerbeflächen
(vergriffen)

Wirtschaftspolitische Diskurse Nr. 46
Wohnungspolitik für Ostdeutschland
(vergriffen)

Wirtschaftspolitische Diskurse Nr. 47
Die Kontroverse um Maastricht: Eine neue Wirtschaftsverfassung für Europa?
(vergriffen)

Wirtschaftspolitische Diskurse Nr. 48
Die deutschen Eisenbahnen vor einem Neubeginn
Gelöste Sanierungsaufgaben und notwendige Ergänzungen der Bahnstrukturreform
(vergriffen)

Wirtschaftspolitische Diskurse Nr. 49
Zwischen kommunaler Energiewirtschaft und Braunkohlenverstromung
Entwicklungslinien für die Energieversorgung in Ostdeutschland
(vergriffen)

Wirtschaftspolitische Diskurse Nr. 50
Was wird aus den Plattenbausiedlungen?
Chancen für die Entwicklung großer Neubaugebiete in Ostdeutschland

Wirtschaftspolitische Diskurse Nr. 51
Tourismus in ländlichen Regionen Brandenburgs
Konzepte und Perspektiven zwischen regionaler Wirtschaftsentwicklung, Umwelt- und Sozialverträglichkeit
(vergriffen)

Wirtschaftspolitische Diskurse Nr. 52
Neue und innovative Formen der Flächen- und Raumerschließung in den Städten der neuen Bundesländer
Nutzungsintensivierungen auf kommunalen Flächen

Wirtschaftspolitische Diskurse Nr. 53
Privatisierung von Wohnungen in den neuen Bundesländern
Potentiale, Konflikte und Modellvorhaben
(vergriffen)

Wirtschaftspolitische Diskurse Nr. 54
Ökologistik - Güterverkehr im Spannungsfeld von Ökonomie und Ökologie
(vergriffen)

Wirtschaftspolitische Diskurse Nr. 55
Technologie- und Gründerzentren in der Bundesrepublik Deutschland
Eine Zwischenbilanz
(vergriffen)

Wirtschaftspolitische Diskurse Nr. 56
Industrieforschung in den neuen Bundesländern - Perspektiven, Herausforderungen und Förderungsmöglichkeiten
(vergriffen)

Wirtschaftspolitische Diskurse Nr. 57
Wohnungspolitische Konzepte für Ostdeutschland auf dem Prüfstand
Umsetzungsstrategien und Erfahrungen vor Ort
(vergriffen)

Wirtschaftspolitische Diskurse Nr. 58
Freie Fahrt für freie Bürger?
Elemente einer rationalen Autonutzung in den neuen Bundesländern
(vergriffen)

Wirtschaftspolitische Diskurse Nr. 59
Mieten in Ostdeutschland
Zwischen Instandsetzungsstau und Mieterinteressen

Wirtschaftspolitische Diskurse Nr. 60
Sanierung und Rekultivierung im Lausitzer Braunkohlenrevier
Ökologische Ziele und wirtschaftliche Chancen
(vergriffen)

Wirtschaftspolitische Diskurse Nr. 61
Strategische Wettbewerbs- und Technologiepolitik in einer globalen Marktwirtschaft
Skizze für ein neues Modell Deutschland
(vergriffen)

Wirtschaftspolitische Diskurse Nr. 62
Eine Region im Umbruch
Perspektiven für Beschäftigung, Wachstum und Strukturpolitik im Raum Stuttgart
(vergriffen)

Wirtschaftspolitische Diskurse Nr. 63
Städtebauliche Investitionsmöglichkeiten auf ehemaligen Militärflächen in den neuen Bundesländern

Wirtschaftspolitische Diskurse Nr. 64
Produktionsverlagerungen in mittel- und osteuropäische Staaten
Chancen und Gefahren
(vergriffen)

Wirtschaftspolitische Diskurse Nr. 65
Innovative Technologien für den ruhenden Verkehr in Stadtzentren und verdichteten Wohngebieten
(vergriffen)

Wirtschaftspolitische Diskurse Nr. 66
Ökologische Steuerreform
Konzepte, Rahmenbedingungen Konfliktfelder und Auswirkungen einer ökologischen Ausgestaltung des Steuersystems
(vergriffen)

Wirtschaftspolitische Diskurse Nr. 67
Regionalisierung des Nahverkehrs
Eine Herausforderung an Verkehrsunternehmen und Gebietskörperschaften
(vergriffen)

Wirtschaftspolitische Diskurse Nr. 68
Langzeitarbeitslosigkeit und ihre Bekämpfung
(vergriffen)

Wirtschaftspolitische Diskurse Nr. 69
Herausforderung Technologietransfer
Schwerpunkt Neue Bundesländer
(vergriffen)

Wirtschaftspolitische Diskurse Nr. 70
Wirtschaftliche Chance Umweltschutz
(vergriffen)

Wirtschaftspolitische Diskurse Nr. 71
Hoffnungsträger Mittelstand
Entwicklung und Perspektiven in den neuen Bundesländern
(vergriffen)

Wirtschaftspolitische Diskurse Nr. 72
Risikokapital für junge Technologieunternehmen - Erfahrungen und neue Möglichkeiten
(vergriffen)

Wirtschaftspolitische Diskurse Nr. 73
Entwicklungsprobleme junger technologieorientierter Unternehmen
(vergriffen)

Wirtschaftspolitische Diskurse Nr. 74
Wege zur Reform der Kommunalverwaltung
(vergriffen)

Wirtschaftspolitische Diskurse Nr. 75
Europäische Einheitswährung - Maastricht fehlt die ökonomische Dimension
(vergriffen)

Wirtschaftspolitische Diskurse Nr. 76
Konversionsmanagement - Abrüstungsfolgen und Bewältigungsstrategien
(vergriffen)

Wirtschaftspolitische Diskurse Nr. 77
Reform der Wohneigentumsförderung

Wirtschaftspolitsche Diskurse Nr. 78
Macht der Banken
(vergriffen)

Wirtschaftspolitische Diskurse Nr. 79
Stärkung der Kernstädte - Stadtverkehr und Cityhandel-
(vergriffen)

Wirtschaftspolitische Diskurse Nr. 80
Beschäftigungsmöglichkeiten für niedrig Qualifizierte
(vergriffen)

Wirtschaftspolitische Diskurse Nr. 81
Neue Akzente in der Arbeitszeitdebatte
(vergriffen)

Wirtschaftspolitische Diskurse Nr. 82
Die fahrradfreundliche Stadt: Eine lösbare Aufgabe der Kommunalpolitik
(vergriffen)

Wirtschaftspolitische Diskurse Nr. 83
Gemeinden in der Finanzkrise
Ursachen, Reformkonzepte, Konflikte
(vergriffen)

Wirtschaftspolitische Diskurse Nr. 84
5 Jahre Tourismusentwicklung in den neuen Bundesländern
(vergriffen)

Wirtschaftspolitische Diskurse Nr. 85
Magnetschnellbahn Transrapid: Die Fakten und ihre Bewertung
(vergriffen)

Wirtschaftspolitische Diskurse Nr. 86
Beschäftigungspolitik im internationalen Vergleich
Strategien, Instrumente, Erfolge
(vergriffen)

Wirtschaftspolitische Diskurse Nr. 87
Produktionsintegrierter Umweltschutz
Wettbewerbschancen durch ökologische Umorientierung
(vergriffen)

Wirtschaftspolitische Diskurse Nr. 88
Telematik im Verkehr
Probleme und Perspektiven
(vergriffen)

Wirtschaftspolitische Diskurse Nr. 89
Keine Wende am Arbeitsmarkt in Ostdeutschland
Eine Zwischenbilanz im Jahre 1996
(vergriffen)

Wirtschaftspolitische Diskurse Nr. 90
Neue Wege im sozialen Wohnungsbau
(vergriffen)

Wirtschaftspolitische Diskurse Nr. 91
Firmengründungen in ihrem lokalen und regionalen Umfeld
(vergriffen)

Wirtschaftspolitische Diskurse Nr. 92
Prekäre Beschäftigungsverhältnisse - Die Bundesrepublik Deutschland auf dem Wege in die Tagelöhnergesellschaft?
(vergriffen)

Wirtschaftspolitische Diskurse Nr. 93
Arbeitsplätze, Produktivität und Einkommen
Wege zu mehr Beschäftigung im deutsch-amerikanischen Vergleich
(vergriffen)

Wirtschaftspolitische Diskurse Nr. 94
Berlin auf dem Weg zur Metropole?
Die Frage nach tragfähigen und konsistenten Zielen für die Wirtschaftspolitik

Wirtschaftspolitische Diskurse Nr. 95
Wirtschaftlicher Strukturwandel, Globalisierung und Stadtentwicklung
(vergriffen)

Wirtschaftspolitische Diskurse Nr. 96
Innovative Kommunalverwaltung
Wege zu mehr Effizienz und Bürgernähe
(vergriffen)

Wirtschaftspolitische Diskurse Nr. 97
Zukunftsfähige Mobilität - alternative Verkehrskonzepte auf dem Prüfstand
(vergriffen)

Wirtschaftspolitische Diskurse Nr. 98
Einführung des Vergleichsmietensystems in Ostdeutschland
(vergriffen)

Wirtschaftspolitische Diskurse Nr. 99
Aufsichtsräte und Banken
Kontrolldefizite und Einflußkumulation in der deutschen Wirtschaft
Vorschläge der politischen Parteien zur Unternehmensrechtsreform
(vergriffen)

Wirtschaftspolitische Diskurse Nr. 100
Unterwegs in die digitale Arbeitswelt
(vergriffen)

Wirtschaftspolitische Diskurse Nr. 101
Ohnmacht der Verbraucher gegenüber Banken und Versicherungen?
(vergriffen)

Wirtschaftspolitische Diskurse Nr. 102
Neufassung des Energiewirtschaftsrechts - Umweltbelange und Effizienzsteigerungen
(vergriffen)

Wirtschaftspolitische Diskurse Nr. 103
Zukunftsverträgliche Bau- und Wohnungswirtschaft
(vergriffen)

Wirtschaftspolitische Diskurse Nr. 104
Endogene Wirtschafts- und Entwicklungspotentiale in den Zentren und Räumen Berlins
Tagungsserie: Berlin auf dem Weg zur Metropole?
(vergriffen)

Wirtschaftspolitische Diskurse Nr. 105
Großsiedlungen - Auf dem Weg zum eigenständigen Stadtteil oder zum sozialen Brennpunkt?
(vergriffen)

Wirtschaftspolitische Diskurse Nr. 106
Brauchen wir einen neuen Generationenvertrag?
(vergriffen)

Wirtschaftspolitische Diskurse Nr. 107
Elemente für Ziele und Leitbilder der Stadtentwicklung in einer Zeit des Umbruchs
(vergriffen)

Wirtschaftspolitische Diskurse Nr. 108
Die Zukunft der Kommunalwirtschaft
(vergriffen)

Wirtschaftspolitische Diskurse Nr. 109
Überlagerung von Verkehrsflächen
Innovatives flächensparendes Bauen im Gewerbe-, Verwaltungs- und Freizeitbereich
(vergriffen)

Wirtschaftspolitische Diskurse Nr. 110
Modernisierung und Instandsetzung von Altbauten in den neuen Bundesländern
(vergriffen)

Wirtschaftspolitische Diskurse Nr. 111
Zukunftsperspektiven der deutschen Bauwirtschaft

Wirtschaftspolitische Diskurse Nr. 112
Zusammenarbeit bei Forschung und Entwicklung - die Europäische Union und Mittel- und Osteuropa

Wirtschaftspolitische Diskurse Nr. 113
Erfolgreiche Unternehmensstrategien
Chancen am Standort Deutschland nutzen statt Arbeitsplatzabbau und Produktionsverlagerung
(vergriffen)

Wirtschaftspolitische Diskurse Nr. 114
Von peripheren Großsiedlungen zu urbanen Stadtteilzentren in Berlin
(vergriffen)

Wirtschaftspolitische Diskurse Nr. 115
Kostensenkung - eine Strategie für mehr Wohlstand und Beschäftigung?
(vergriffen)

Wirtschaftspolitische Diskurse Nr. 116
Abfallmanagement im Rahmen der Kreislaufwirtschaft
(vergriffen)

Wirtschaftspolitische Diskurse Nr. 117
Innovations- und Gründungspotentiale in Ostdeutschland
Endogene Faktoren wirtschaftlicher Entwicklung

Wirtschaftspolitische Diskurse Nr. 118
Löhne und Arbeitslosigkeit
Warum die gängigen Rezepte zur Bekämpfung der Arbeitslosigkeit nicht greifen
(vergriffen)

Wirtschaftspolitische Diskurse Nr. 119
Ein Ordnungsrahmen für die Weltwirtschaft: nötig und möglich
(vergriffen)

Wirtschaftspolitische Diskurse Nr. 120
Existenzgründungen nach dem Hochschulabschluß
(vergriffen)

Wirtschaftspolitische Diskurse Nr. 121
Ausbildungs- und Beschäftigungsgarantien für Jugendliche
(vergriffen)

Wirtschaftspolitische Diskurse Nr. 122
Neue Wege in der kommunalen und regionalen Wirtschaftsförderung
(vergriffen)

Wirtschaftspolitische Diskurse Nr. 123
Auf dem Weg zur Teilhabergesellschaft?
Investivlöhne, Gewinn- und Kapitalbeteiligungen der Arbeitnehmer in Westeuropa und den USA
- eine vergleichende Bestandsaufnahme
(vergriffen)

Wirtschaftspolitische Diskurse Nr. 124
Das Leitbild der multizentrischen Stadt
(vergriffen)

Wirtschaftspolitische Diskurse Nr. 125
Lohnstruktur und Beschäftigung

Wirtschaftspolitische Diskurse Nr. 126
Entwicklungspotentiale in Stadtteilen und Stadtteilzentren
(vergriffen)

Wirtschaftspolitische Diskurse Nr. 127
Ökologische Besteuerung im internationalen Vergleich
Wie weit sind andere Industrienationen?
(vergriffen)

Wirtschaftspolitische Diskurse Nr. 128
Die neue Insolvenzordnung
Mehr Sanierungen statt Zerschlagungen von Betrieben?

Wirtschaftspolitische Diskurse Nr. 129
Deutsch-Amerikanischer Transatlantischer Dialog : Die Zukunft der Arbeitsgesellschaft
(nur im Internet unter: www.fes.de/fulltext/fo-wirtschaft/00715toc.htm)

Wirtschaftspolitische Diskurse Nr. 130
Strukturwandel, Tertiärisierung, Entwicklungspotentiale und Strukturpolitik
Regionen im Vergleich: Ruhrgebiet - Pittsburgh - Luxemburg - Lille

Wirtschaftspolitische Diskurse Nr. 131
Ökonomische Konsequenzen einer EU-Osterweiterung

Wirtschaftspolitische Diskurse Nr. 132
Höhere Arbeitsmarktflexibilität oder flexiblere Wirtschaftspolitik?
Zu den Ursachen der unterschiedlichen Beschäftigungsentwicklung in den USA und in Deutschland

Wirtschaftspolitische Diskurse Nr. 133
Nachhaltige Mobilität im Spannungsfeld ökonomischer, ökologischer und sozialer Anforderungen

Wirtschaftspolitische Diskurse Nr. 134
Strategien für mehr Beschäftigung

Wirtschaftspolitische Diskurse Nr. 135
Reform der Bundesverkehrswegeplanung - Wäre weniger mehr?

Wirtschaftspolitische Diskurse Nr. 136
Deutsch-Amerikanischer Transatlantischer Dialog: Zukunft der Arbeitsgesellschaft - Zukunft der Sozialpolitik

Wirtschaftspolitische Diskurse Nr. 137
Lebenswerte Städte
Städtebauliche Strategien für das 21. Jahrhundert

Wirtschaftspolitische Diskurse Nr. 138
Europäische Strukturfonds und Beschäftigung
Ideenwettbewerb für innovative Strategien zur Regionalentwicklung

Wirtschaftspolitische Diskurse Nr. 139
Transatlantischer Dialog:
Ausbau der Forschungskooperation zwischen Deutschland/Europa und den USA

Wirtschaftspolitische Diskurse Nr. 140
Zukunft der deutschen Verkehrsflughäfen
im Spannungsfeld von Verkehrswachstum, Kapazitätsengpässen und Umweltbelastungen

Wirtschaftspolitische Diskurse Nr. 141
Theoretische Grundlagen der Städtebau- und Stadtentwicklungspolitik

Wirtschaftspolitische Diskurse Nr. 142
Die EU-Osterweiterung als Herausforderung:
Zur institutionellen Reformbedürftigkeit und grundlegenden Rolle der Europäischen Union

Wirtschaftspolitische Diskurse Nr. 143
Finanzpolitik in EURO-Land
Sachstand und Steuerungsprobleme